刘铭 ◎ 著

超级店长

业绩倍增实战宝典

如何从新手到高手 实现管理精进

机械工业出版社
CHINA MACHINE PRESS

开店是一门学问，要想成为高手店长，店面管理的十八般武艺需要样样精通。在社交新零售时代，如何才能当好店长？本书集结了作者多年的实操和培训经验，从团队打造、店铺运营、店铺管理等方面，给出落地、实操、有效的方法与工具，通过丰富的落地案例，让每位读者一看就懂、一懂就会用、一用就有效，实现业绩倍增。

图书在版编目（CIP）数据

超级店长业绩倍增实战宝典 / 刘铭著. -- 北京：
机械工业出版社，2020.1（2025.5重印）
ISBN 978-7-111-64779-9

Ⅰ.①超… Ⅱ.①刘… Ⅲ.①商店—商业经营 Ⅳ.
①F717

中国版本图书馆CIP数据核字（2020）第027793号

机械工业出版社（北京市百万庄大街22号　邮政编码100037）
策划编辑：解文涛　　责任编辑：解文涛　蔡欣欣
责任校对：李　伟　　责任印制：刘　媛
北京富资园科技发展有限公司印刷

2025年5月第1版第4次印刷
170mm×230mm·19.25印张·1插页·254千字
标准书号：ISBN 978-7-111-64779-9
定价：69.80元

电话服务　　　　　　　　　网络服务
客服电话：010-88361066　　机　工　官　网：www.cmpbook.com
　　　　　010-88379833　　机　工　官　博：weibo.com/cmp1952
　　　　　010-68326294　　金　书　网：www.golden-book.com
封底无防伪标均为盗版　机工教育服务网：www.cmpedu.com

自 序

世界上没有一成不变的行业，也没有永无变化的企业，决定两者兴衰变化的关键因素，在于是否能为顾客始终提供新的价值。正因如此，在新零售如火如荼的今天，线上和线下的壁垒在不断消减，实体店的价值不断获得重估，店长能力的提升无论对其个人还是对企业，都至关重要、迫在眉睫。

一家零售店的成功是多种因素共同推动的结果，决定开店的是老板，而决定店是否能开下去的则是店长。开店是一门学问，想要培养出优秀的店长，更是一门学问。我发现诸多门店老板，在投资开店前是没有学习过如何经营店铺的，都是靠着自己的胆大、勤奋和数年来的"自我摸索"生存下来的，付出了巨大的时间代价和试错代价。

高手店长之所以能够让原本普通乃至不起眼的店铺欣欣向荣，在于其精通店面管理的十八般武艺——如何开会、如何演说、如何教店员销售技巧、如何打造无敌团队、如何开发顾客、如何留住顾客、如何实现业绩倍增……拥有了这些能力，整个店铺的人员才能凝聚形成强大的战斗力，店内的资源才能被有效开发利用，围绕产品和服务源源不断给顾客提供创新价值。最终，整个门店才能获得充分的竞争力和影响力，坐拥顾客的品牌忠诚度，在激烈的市场中活得更久、活得更好。

在新零售时代，中小门店保持持续竞争力的唯一秘诀就是持续学习、持续拥抱改变、持续优化店铺营利模式。

传统的开店流程如图 1 所示。

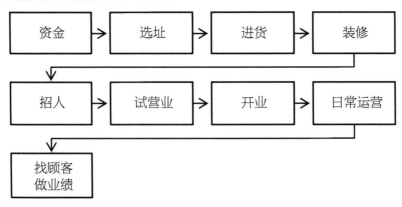

图 1 传统的开店流程

而在新零售时代以及未来，开店流程发生了巨大变化，模式如图 2 所示。

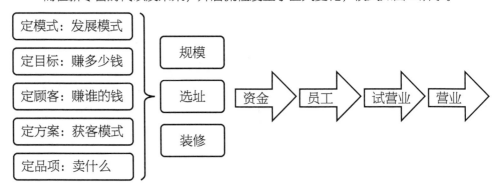

图 2 未来的开店流程

时代在变，一切皆在改变，唯有经营的核心未变。经营门店实则是在经营团队，经营顾客，而核心中的核心就是店长，一个超级店长能够盘活一家店，一个不适合的、没有能力的店长，可以让一家门店关张。

那如何培养超级店长？如何成为超级店长？答案就在本书中。

赚小钱靠个人，赚大钱靠团队。如果你是门店的老板、投资人，通过这些内容，你能够快速培养出超级店长；如果你是门店的老板兼店长，你能够快速复制出超级店长；如果你正计划开创自己的实体连锁事业，你可以从本书中找到实用方法；如果你想成为一个受人尊敬的超级店长，这本书正适合你！

　　在通向事业成功的路途上，注定不会总是美丽的风景，要想能在面对暴风雨时泰然自若、面对艰难险阻时坚韧强大，每个店长都有必要投入不间断的学习与修炼中。我衷心希望这本书成为帮助店长与企业实现梦想的起点。

刘铭

2019 年 10 月

前　言

　　开店就能赚钱？当然不是！有那么多的店门前冷清无人！

　　开店不懂引流？其实很简单，那么多人能从线上线下引来巨量流量！

　　开店只能亲力亲为？当然不是！亲力亲为只会被累死还不赚钱！

　　开店是一门学问，而要培养出优秀的店长，更是一门学问。要想成为超级店长，需要具备店面管理的十八般武艺——如何开会、如何演说、如何教店员销售技巧、如何打造无敌团队、如何开发顾客、如何留住顾客、如何实现业绩倍增……

　　高手店长，往往是能销讲，会选人、找人、用人、育人、留人的领导者，能打造出无敌的团队；高手店长还是团队的教练，他会激励、懂管理、能引导、善创造。

　　在社交新零售时代，如何才能从团队打造、顾客开发、日常管理、营销引流等方面入手运营好店铺，是每位有志向的店长应该考虑的问题。

　　本书集结了刘铭老师多年的实操培训经验，全书分五篇，其中第1篇主要讲团队建设，分别从练眼力、用策略、造氛围、创文化、做团建五个层面进行阐释；第2篇主要讲店铺运营，分别从店铺形象打造、店铺品项运营、顾客运营、活动营销与运营四个层面进行阐释；第3篇主要讲店长管理，分别从管理员工、自我管理、现场管理、货品管理、成交管理五个层面进行阐释；第4篇主要讲会议管理，阐释了召开会议的策略与方法；第5篇主要讲店长管理的工具，分为三大类，分别是店长管理类工具包、门店运营类工具包、团队建设类工具包。

本书呈现了落地、实操、有效的方法与工具，通过丰富的落地案例，让每位读者一看就懂、一懂就会用、一用即有效，实现业绩倍增。

本书对店长成为超级店长具有系统、全面的指导意义，详细介绍了成为一名高手店长所应进行的种种修炼，能帮助店长实现业绩倍增，管理轻松；有助于批量复制最有业绩的职业店长！

因时间和精力有限，书中难免有不足之处，欢迎各位读者批评指正！

目录

自 序

前 言

第①篇

赚小钱靠个人，赚大钱靠团队：
选育用留四大法宝，打造一支高效团队 1

第1章 练眼力：如何择人，打造强大团队	2
01 团队选"帅"的秘密	3
02 无敌团队离不开"五分"	6
03 如何进行职位分析，让选人有理有据	9
04 如何选择招聘渠道，精准招聘	12
05 如何进行面试，精选人才	16
06 如何快速找到团队急需的人才	18
第2章 用策略：如何用人，让员工各尽其力	21
01 聪明的匠人善于用材，高明的店长善于用人	22
02 如何让员工待在适合自己的岗位上	25
03 如何识别员工优势，并用对地方	28
04 激励措施得当，员工潜力无限	31
05 真诚沟通，天下没有难用的员工	34
06 如何让不合适的人痛快离开	36

第 3 章　造氛围：如何育人，让员工忠实于企业　38

01 好师出好徒，要学会育人　39

02 如何帮助员工制定目标，快速成长　41

03 如何制订培训计划，让员工更适合企业发展　44

04 帮助员工做好职业规划，跟随企业一起成长　48

05 转变员工观念，让员工成为店铺主人　51

06 销讲培训：收人、收钱、收心　53

第 4 章　创文化：如何留人，让团队永葆战斗力　55

01 留人先留心：让员工不走的分钱模式　56

02 完善制度，让人才留下来，让不合适的人离开　59

03 合理的薪水和福利才能留得住店员　61

04 合理的流动和晋升体系才能留住人　64

05 打造企业文化，让文化留住员工　67

06 打造店长魅力，以店长魅力留住员工　69

07 营造良好的团队氛围，留住有能力的员工　72

08 帮助员工排忧解难，拉近感情距离　74

第 5 章　做团建：如何进行团队建设　76

01 增强团队凝聚力的六个方法　77

02 如何设置团队目标并完美实现　80

03 如何批评店员才有效　82

04 如何表扬店员才有效　84

第②篇

运营做得好，顾客少不了：
如何运营店铺

87

第 6 章　如何打造完美的店铺形象和品牌　88

01 店铺选址技巧　89

02 店铺招牌及门脸形象运营　92

03 店铺内环境布置与运营技巧 95

04 店铺品牌定位与运营策略 97

05 店铺品牌危机解决技巧 100

第7章　店铺品项运营：懂得搭配，流量自有 102

01 如何运营爆品 103

02 如何选择利润品 106

03 如何根据价格采购 108

04 如何根据顾客喜好选品 110

05 如何优化店铺的商品结构 113

06 商品陈列技巧 117

07 进销存管理技巧 120

第8章　顾客运营策略与业绩倍增技巧 123

01 如何在朋友圈开发顾客 124

02 如何激活老顾客，带来新顾客 126

03 优惠券如何用最能打动顾客 129

04 送礼策略：VIP 顾客主动转介绍 131

05 会员卡引流策略 133

06 派单派卡策略 135

07 街头引流策略 137

08 微信一对多成交策略 139

09 店铺业绩倍增的公式 141

第9章　店长如何做好活动营销与运营 144

01 如何选择合适的活动促销节点 145

02 如何策划成功的促销活动 146

03 如何制定合适的促销方案 148

04 促销形式选择与实施细节 150

第③篇
懂得管理，店长才能轻松出业绩   153

第 10 章   不懂管人，店长只能靠自己   154

01 如何正确授权并明确岗位职责   155

02 如何做好店员的绩效考核   158

03 如何做好向上沟通   162

04 如何与店员沟通更高效   165

05 如何设置激励机制，店员才更有动力   168

06 如何做到一切以业绩说话   171

第 11 章   不懂自我管理，店长永远不称职   174

01 店长如何让店员接纳自己   175

02 店长如何做好时间管理   178

03 店长如何做好自我形象管理   181

04 店长应如何处理人际关系   184

05 店长如何制定个人目标并接受监督   187

第 12 章   做不好现场管理，业绩永远上不去   189

01 如何管理好员工，保证服务质量   190

02 如何管理店内物品，保障现场安全   193

03 如何处理顾客投诉，留住顾客   195

04 如何做好现场激励，点燃员工激情   198

第 13 章   做好货品管理，才能稳赚不赔   200

01 货品管理这样做就对了   201

02 如何制定灵活柔性的补货策略   204

03 店铺货品盘点流程   207

04 货品库存管理与防损管理策略   209

第 14 章　做不好成交管理，销售目标难达成　　211

　　01　成交高手的 13 个追求　　212

　　02　铁定成交的八个流程　　215

　　03　成交高手都在用的成交语言技巧　　219

　　04　如何让回头客加倍成交　　221

　　05　如何让 VIP 顾客主动成交　　223

第④篇

会议系统：
会开会的店长才能快速复制自己　　225

第 15 章　会议管理：开会是达成结果的最有效手段　226

　　01　什么是万能会议流程　　227

　　02　早会如何开更有激情　　232

　　03　夕会如何开更有收获　　235

　　04　周会如何开更高效　　238

　　05　月度会议如何开更激励人心　　245

　　06　业绩分析会如何开更能说服员工　　248

第⑤篇

店长要做好，工具少不了：
那些让业绩倍增的实用工具　　251

第 16 章　店长管理类工具包　　252

　　01　店长作业流程时段表　　252

　　02　店长工作日志　　255

　　03　店长工作周报告　　256

　　04　店长工作月报告　　257

　　05　下周（月）店长工作计划表　　259

　　06　每周店员工作分析表　　260

　　07　下周店员工作计划表　　260

　　08　门店月度销售分析　　261

09 本店管理问题总结与分析表 261

10 各岗位职能及工作职责表 262

11 店铺日常工作流程表 265

第17章 门店运营类工具包 266

01 （日）周销量量化分析表 266

02 收银日报表 267

03 顾客投诉调查范本 268

04 活动促销效果评估表 269

05 店铺环境检查表 270

06 店铺店务检查督察表 271

07 店铺调货（退货、次品）明细表 272

08 门店会议准备表 273

09 门店运营反馈考核表 274

10 门店客流量记录分析表 277

11 门店运营管理确认表 278

12 市场情报分析表 279

第18章 团队建设类工具包 280

01 店铺员工职业生涯规划表 280

02 新员工对传帮带责任人的工作表现评估表 281

03 新员工培训计划表 282

04 店铺人员转正/晋升评估表 283

05 店铺人员资料记录表 284

06 店铺培训计划表 285

07 店铺人事通报表 285

08 店铺员工考核表 286

09 店铺营业员自我鉴定表 287

10 店铺员工考核鉴定表 287

11 店铺员工奖惩登记表 288

12 店铺员工纪律处分通知单 289

13 店铺销售人员薪金管理制度 290

14 店铺管理人员薪金管理制度 291

15 店铺员工辞退通知单、交接单 292

第 1 篇

赚小钱靠个人，
赚大钱靠团队：
选育用留四大法宝，
打造一支高效团队

没有团队，店长将被迫孤军作战。即便出现了有潜力的员工，一旦他们成熟，也会选择离开，变为竞争对手。没有团队，店长将无人可用。而建立团队，本质上是对"人"的认识与管理。店长必须认识到：小成功靠个人，大成功靠团队。要想成为优秀的团队领袖，必须学会选人、育人、用人、留人。选人需要智慧，育人凭借本事，用人在于谋略，留人关乎系统。

第 1 章

练眼力：如何择人，打造强大团队

店铺团队是由一个个店员组成的，想要打造强大的团队，店长就应该努力训练自身识人用人的眼力，迅速看懂每个员工的个性、能力、态度等，从中选择最佳人选，形成搭配的组合，获取最佳的工作效率。

01 团队选"帅"的秘密

任何店铺的开设都围绕着最为直接的目标：营利。为此，必然需要寻找最适合的人来担任店长。

众所周知，优秀的店长绝大多数出自基层销售，通常都曾经是优秀甚至金牌导购员。但是，销售能力强的人，就必然能成为出色的店长吗？

徐琴原本是一名普通的导购，由于多年来业绩突出、服务热情周到，手头的老顾客越来越多。公司提拔她为店铺店长。

成为店长后，徐琴觉得可以松一口气了，她觉得，店长是管理者，有事情可以让店员去做。于是，她将工作重心放在销售制度、档案、材料的管理上，每天给员工分配任务，认为只要大家各自尽职尽责，店铺生意自然不会差。但几周之后，她的店铺就出现了问题：直到顾客找不到要买的产品时，徐琴才知道哪种商品断货了；总部想要店铺提供人员业绩分析，徐琴拿不出来；总部想要进行针对性市场调研，徐琴不懂得从何处着手……整个店铺的表现非常混乱，徐琴的个人业绩也迅速下滑。

徐琴认为做店长比做导购更容易，这个观点显然并不正确，并不是有了优秀的销售表现，就能担任整个店铺的领导者。店长的工作，考验的也不只是销售方面的工作能力，而是多方面的综合能力。

什么样的人才有资格成为店长？你应该看清团队选"帅"的秘密，如图1-1所示。

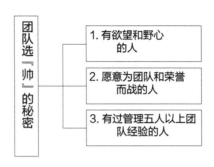

图 1-1 团队选"帅"的秘密

毫无疑问，店长必须要有欲望和野心，其中既包括对财富的直接渴望，也包括对人生事业价值的精神追求。这样的人，才会有积极管理、主动学习的充足动力。

不仅如此，他们还不能是高冷的"独行侠"，不能崇尚单打独斗的个人英雄主义，而是愿意信任并依靠团队，去取得荣誉、共同分享。

当然，店长还应具备一定的团队工作经验。通常，他们应具有管理五人以上团队的工作履历。

从团队选"帅"标准来看，店长要扮演好店铺团队灵魂的角色，主要承担的工作职责应包括以下几个方面。

1. 承上启下

应能够将上级的意图形成本团队可执行的计划，带领团队实现目标。

2. 协调关系

应能协调好团队内所有人之间的关系，以及团队对外的各种关系。

3. 兼顾内外

既要有能力营造良好的团队氛围，也要着眼店铺外部，积极打造团队的市场形象。

店长处在公司或上级与店铺团队之间，发挥着承上启下的作用。作为团队之"帅"，店长既要对组织中的领导者负责，又要对团队中的"将士"负责，同时还要维护好二者之间的平衡关系，充分发挥协调利益、融洽关系的作用。

店长同样处在店员与顾客之间，扮演着支持者、协调者的角色。作为团队的领导者，他需要坚决维护员工利益、保护员工的积极性。在顾客面前，则要坚守为顾客服务的经营准则。

同时，作为团队的核心人物，店长还不能只看到店铺本身，也应关注市场信息，了解竞争对手、行业动态，并结合对公司战略的学习把握，采取相应的营销对策。

02 无敌团队离不开"五分"

无敌团队离不开店长的悉心率领，优秀店长诞生于无敌团队的支持和成就。

想要让一个店铺团队拥有无敌的战斗力，店长需要进行"五分"的工作：分工、分责、分权、分利、分势。

在店铺中，既需要每个人独立提高自身的工作能力，也需要让他们懂得如何通过多人协作才能圆满完成任务。因此，店长有必要对店铺工作进行合理分工、分责、分权。

F1赛车维修站的分工堪称经典。赛车每次进站后，都需要22位工作人员通力合作。其中，12人负责更换轮胎，1人负责操作前千斤顶，1人负责操作后千斤顶，1人负责操作特别千斤顶，1人负责检查发动机，2人负责扶住和操作加油枪，1人负责操作加油机，1人负责持灭火器随时候命，1人负责对车手安全头盔进行擦拭清洁，最后1人负责操作指示牌，当他举起指示牌，就意味着赛车能够离开维修站了。

在店铺团队中，不同工作岗位的性质、条件、工作方式和环境各有不同，因此分工、分责、分权的具体内容也不尽相同。但总体而言，分工是前提，只有科学分工，才能确保团队内工作效率不断提高，工作气氛正常和谐。而分责、分权则是对科学分工的应有保障和具体细化，只有明确了责任与权力的细分归属，才能让分工有可行的划分和评估依据。

在进行团队分工时，应该确保每个岗位上都有能力特征与其相匹配的员工，依据员工现有素质基础进行分工。为此，店长在设计岗位、分派工作时，需要考虑员工个人现有能力和团队整体能力平均水平。

例如，某个店铺店长因为欣赏员工 A 勤劳朴实的品质，将管理店铺顾客微信群的工作交给她做。但是，A 并不具备胜任这个任务的专业能力，最后导致营销活动失败，影响了团队工作任务的完成。

可见，店长在进行分工时，必须全面评估员工的能力，最好建立一套员工能力模型，来评价员工能否胜任其岗位工作。在确定其能够胜任后，再进行责任和权力的划分。

具体方法包括：

①了解和掌握员工的知识背景、专业背景，如学习的经历等。

②了解员工的从业经历，包括其从事销售工作之前的具体经历，以便于了解和分析其擅长的领域，避免判断上出现失误。

③征求员工意见，确认对方是否具备相应的能力，也可以让员工推荐不同的人选作为备选。

在"五分"过程中（尤其是分利、分势两方面），必须重视适度原则。店长给员工分配的任务量、激励利益（分利）和资源侧重（分势）既要保证科学合理，又要兼顾公平。一旦分配失衡，很容易导致员工因不满而积极性下降。

某酒店店长喜欢调动包厢负责人员，她总是或明或暗地要求负责排班的经理，将手头顾客多、业绩表现好的员工，安排到合作企业的包厢中服务。这样做的结果是，每当有新的合作企业签订协议时，少数员工都能拥有"优先选择权"。毫无疑问，由于该酒店采取底薪加提成制度，这使得少数员工受益匪浅，但其他员工却感到很不合理。

店长应该如何合理地"五分"？需要从以下方面入手。

①将任务分解量化之后，再按照比例来分配。

②根据轻重程度，科学划分任务。每个员工的重要任务数量应该少一点，普通任务和简单任务的比例应该多一点，确保员工都能完成任务。

③在分配任务时和员工进行充分沟通，确保消除有可能出现的误会。

④遇到特殊情况时，例如某些工作任务、某些工作权力必须交给能力较强的员工，就需要积极沟通，确保能让团队成员的看法达成一致。

03 如何进行职位分析，让选人有理有据

为团队选择好的成员，离不开具体的依据，而职位分析则是让筛选依据变得更为明确的重要工作。

1. 准备工作

职位分析之前的准备工作即业务流程分析。其中的要点包括以下几方面。

（1）明确店铺工作任务。

了解业务流程内容，是店长建立店铺管理逻辑的起点。通常，一个店铺需要完成的工作任务如图 1-2 所示。

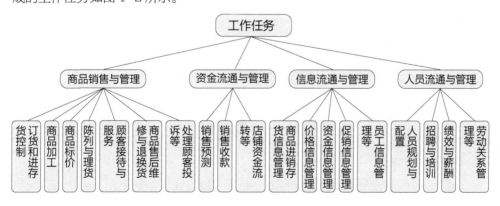

图 1-2　店铺通常情况需完成的工作任务

（2）确定任务分工。

在确定基本业务流程后，需要将其进一步分解为具体工作任务。在此过程中，应当进行专业化分工，使每一名员工能够将精力集中在有限的几项工作中，使每项工作任务的执行得以明确化、制度化。

同时，店长还要将工作清单中有关岗位的工作性质、目标、义务、责任、权力等，纳入绩效考核内容中。

（3）工作分类。

店长可以依据店铺销售的产品或功能中的某一项，对主要工作进行划分，或者加以综合运用来划分。

例如，按功能划分，可以将工作分为不同的业务领域，包括促销、理货、宣传、收银等；按产品划分，如男款、女款、童款或者日杂、百货、食品等。

2. 职位分析

在完成上述准备工作后，应该将任务划分为具体职务，并明确对应责任，再进行职位分析。

职位分析是对店铺内各种职位以及相应责任进行有效分类和区别。店长应该遵循一定标准进行分类整理，确保工作内容和人员能力相互匹配。

具体的职位分析，包括以下四个步骤。

（1）职位调查。

在设立职位之前，店长应明确店铺所需要完成的全部业务、各类人员的情况等，并收集有关的材料文件，以便全面地了解各岗位之间相互的关系、现有的职位总数。在充分调查的基础上，再进行研究分析，通过直接谈话或书面回答的方式，对职位现状进行员工调查。

（2）职位分析。

职位分析的项目主要包括职务目的、职务工作方法、职务工作条件、职务要求的熟练程度等。可以利用以下方法进行分析，如图 1-3 所示。

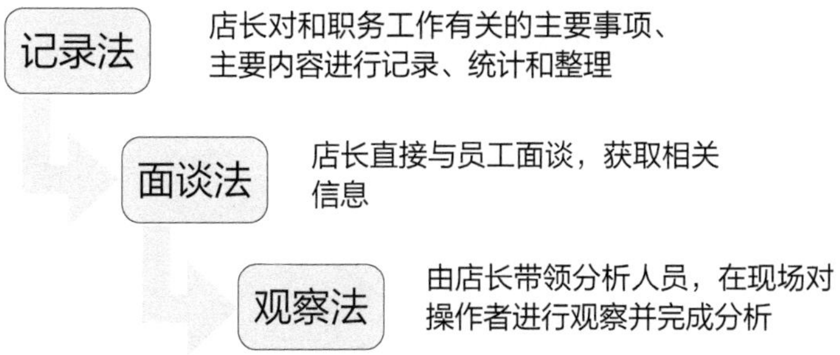

记录法	店长对和职务工作有关的主要事项、主要内容进行记录、统计和整理
面谈法	店长直接与员工面谈，获取相关信息
观察法	由店长带领分析人员，在现场对操作者进行观察并完成分析

图 1-3 职位分析方法

（3）编写职务说明书。

完成职位分析之后，店长将了解到的不同职务情况特点，分别记录在职务说明书中，主要包括每个职务的名称、目标、工作范围、工作责任和工作内容等。

（4）科学聘用、管理与考核。

利用职务说明书，可以对店铺员工进行科学的聘用、管理与考核。

04 如何选择招聘渠道，精准招聘

店铺要想做好招聘工作，招到想要的人才，必须选择正确的渠道，进行精准招聘。如何建立强大的招聘渠道？来看一下不同的店长分别在线上和线下所采用的做法。

1. 手机 App 和电话相结合

××房产中介店铺店长在手机中下载了 BOSS 直聘、猎聘、58 同城、赶集网等 App，发布招聘信息，并通过成为缴费会员获得招聘者的电话号码。随后，店长安排专人每天拨打 10~30 个电话，邀请应聘者前来面试。

需要注意的是，在进入通话步骤时，不能用店内座机或外地电话打，否则很容易被对方误认为是不明电话而拒接。

2. 招聘网站

利用 58 同城、赶集网、智联招聘、前程无忧等在当地有影响力的招聘网站，通过会员资格获得广告位置顶。

某健身俱乐部店铺经理小艾，精心参考了大城市同行招聘信息前三名的文案，并结合自家店铺特点，写出了新的招聘信息。随后，小艾将招聘信息发布到各大招聘网站，获得了强大的宣传效应。

3.QQ 群

某服装店铺店长程姐，在调任该地后连续加了十几个"××市服装交流群"。在群内，她认识了不少同行朋友。通过相互交换、推荐和信息共享，她获得了大量的员工招募机会。

4. 跨行业合作

何兰是某女性健康养生产品销售店铺店长，利用社交关系，她同当地最大的美容培训学校校长成为好朋友。通过合作举办咨询、培训等活动，何兰能不断找到新的招聘对象。

何兰之所以选择到培训学校去招聘技术与服务类的人才，是看中了学校天然的优势。到培训学校学习的学员大都热爱学习、愿意努力且具备长远意识。这些素质决定了他们的潜力通常比普通零售从业人员更好。

零售业门店店长可以效仿该案例，去培训机构挖掘有潜力的人才，以门店实力或个人魅力去吸引新员工。当然，也可直接与优秀的技术培训机构建立合作关系，定期输送优秀的学员。

这种跨行业合作堪称双赢的解决方案，一方面帮助培训机构解决学员就业问题，另一方面帮助门店解决人才不足问题。当然，建立类似合作，需要紧密的利益捆绑。店长可以根据门店实际情况确定招聘人数、拓展招聘渠道，找到更多求职者。

5."销讲"招聘

"销讲"招聘，即如同销售一样去进行宣传演讲，以吸引优秀人才前来加盟。不少店铺店长抓住一切社交、娱乐机会，宣传本店铺员工的高收入、大成就，吸引和感召那些收入与事业不及他们的人前来了解如何获得工作机会。

最好的"销讲"，就是讲故事。

某 4S 店店长讲过多个关于员工成长的故事，其中有的是"业务员努力工作，最终买房落户"，有的是"小女生为爱情留在大城市，成为销售之星"。

故事应该贴近招聘对象，以获得他们的共鸣，引发其对自我的期待，真正能激发他们的应聘意愿。

6. 兼职招聘

在店内人手不足而暂时无法招到合适的专职员工时，可以通过招聘兼职员工来进行过渡。

①要求兼职员工在店里最忙的 6 小时内来上班。为此，需要在兼职的第一周培训其做一些简单的基础的事情，包括迎送顾客、拓展顾客、发传单、端茶倒水等。随后再根据其工作情况，逐步过渡到正式工作。

②兼职员工在店里繁忙时承担助手和杂务工作，闲暇时则可以由资深员工带其外出了解市场、加强宣传。

③即便是兼职员工，也希望拿到应有的业绩提成。如某店铺店长对兼职员工开设专属微信码，给予奖励提成。

7. 派发招聘广告进行宣传

可以在周边居民区、城中村或其他行业员工的宿舍区、上下班必经之路，合理展示本店的招聘广告。需要注意的是，招聘广告应用 A3 纸张，确保字体显眼，同时，尽量不要在同行业宿舍或店铺附近展示，避免引发误会。

8. 店铺股东或高管招聘

店长可以向上级提出建议，要求所有的股东或高管分担任务，根据股东股份顺序，进行招聘竞赛。这一方法能够利用这些股东或高管的影响力，扩大招聘的隐形渠道。

9. 集体招聘

某体育用品商店店长喜欢定期到人才招聘市场、社区、校园等地参加集体招聘会。通过招聘会收集简历后，再邀请合适的人选到公司进行集体面试。有时，如果通过线上收集到的简历较多，该店长也会举办一场集体面试。

在集体面试中，该店长会重点介绍公司未来的发展、员工的收获、奖励和晋升制度等。他会使用一套包含图片和视频的 PPT，为应聘者带去强烈的视觉刺激，使得他们认同店铺的价值和理念。

10. 员工招聘

由老员工推荐亲戚朋友，是成功率比较高的招聘方式，被推荐者与老员工之间的信任感是招聘成功的重要保证。

可以利用员工相互"带人"，形成有力机制，结合对员工的激励进行人际关系基础上的招聘。此外，也可以利用员工或店长个人假期回家乡的机会，在家乡招聘。

可以要求店铺股东、合伙人、店长等管理成员，根据各自拥有股份的占比，每段时间内介绍不同数量的人加入。也可以面向门店全体员工设立激励机制，激励老员工主动介绍新人过来。

目前，许多门店的招聘激励政策是"介绍一个新员工加入，奖励 300 ~ 500 元的奖金"。这种一次性奖金，对员工的激励作用实际上并不大。新的激励政策可以在传统奖励外，增加被动收入，让新员工的工作表现和老员工的收入形成密切关系。

例如，老员工推荐新人入职后，可直接按照新人工资的 5% 获得奖励。当然，奖励不能从新员工工资中扣除，而是包含在门店的招聘成本中。这样，老员工不仅愿意推荐新人，还会自主自发教带新人。

11. 线下社招

除了积极利用互联网招聘，店长还应参加当地人才招聘会或相关行业人才招聘会。相比线上招聘，行业招聘会的参与者针对性更高，能提高招聘效率。

也可以在门店外展示招聘海报或易拉宝，列举招聘岗位、要求、待遇，并留下联系方式或二维码，邀请顾客推荐员工人选。为此，还应设立专门的"顾客推荐奖"，向成功推荐新员工的顾客发放现金或提供商品优惠。

05 如何进行面试，精选人才

在店铺的招聘中，面试是最重要的环节。面试能够让应聘者更加清楚地了解店铺的基本情况、所要应聘职位的情况，同时也能让店长进一步了解应聘者的专业知识、职位技能和个人素质。

面试的组织工作，包括面试准备和面试过程。

1. 面试准备

由店长和招聘助手对应聘者提交的个人资料和简历进行审阅，随后电话联系，以此筛选出合适的应聘者。最后，通知其面试时间和地点并进行确认。

面试邀约地点最好是门店周边的咖啡馆，力求环境安静、气氛良好。店长应与对方约好时间并提前到达。面试时，应将门店的实力、发展前景、规划、员工的个人发展等优势信息全面传达给对方。如果对方表露意向，不妨带到门店实地参观，获得更充分的认可。

总之，店长必须为面试创造良好的环境，获得求职者认可，随后在其中选出自己认可的人。

2. 面试过程

店长应以轻松的话题打开面试局面，例如可以聊聊天气、孩子、环境、消费等。随后，讨论应聘者的相关情况，尽量多问开放性的问题，以消除应聘者的紧张情绪，也借此观察对方的表达能力，探究其实际的工作经验。在对回答确定和总结之后，可以让应聘者重新阐述要点并概括相关内容。

面试问题结束之后，应由店长向应聘者表示感谢，询问对方是否还有其他问题。

最后，向应聘者说明面试后续的程序和时间。

下面是常见的店铺招聘面试问题：

①辞去原来工作的原因是什么？

②短期和长期的工作目标是什么？今后五年的打算是什么？

③对原来的工作有哪些看法？

④欣赏原上司的地方以及觉得其做得不够的地方有哪些？

⑤你的长处和短处分别有哪些？能否举几个例子？

⑥能否谈谈自己在工作和其他方面的成就？

⑦你感觉自己需要多长时间才能做出工作成绩？

⑧你认为好的管理者应具备何种品格？

⑨为什么你认为自己能胜任店铺工作？

⑩你欣赏本店的哪些产品，理由呢？

⑪除了工作之外，你的兴趣和爱好是什么？

这种逐一提出问题并由应聘者回答的模式，称为模式化面试。除此之外，店长还可以利用其他面试类型来找到合适的人才。

1. 状况面试

状况面试又叫问题式面试，是指企业对应聘者提出问题或计划，并让应聘者自己设法解决或者完成。这种面试的目的，在于了解应聘者面对店铺的特别工作或在特殊情况下能有怎样的表现。

2. 压力面试

店长可以有意对应聘者施加压力，探究应聘者在有压力的状况下如何应对。这种面试方式虽然非常方便有效，但也有可能导致测试的有效性和可靠性不太确定，通常只能用来作为辅助和参考。

3. 非指导性面试

这是指店长先和应聘者交谈，在对方不知不觉中引导其进入面试环节中。这种面试的程序流畅、过渡自然，能够在短时间内抓住对方的真实想法，进而了解其优点和缺点。

06 如何快速找到团队急需的人才

即便店长熟悉招聘发布的渠道和具体组织的流程，也不意味着就能实施成功的招聘。在人员流动迅速、行业竞争压力大的情况下更是如此。因为店铺招聘的结果是否理想，很大程度上与店长对招聘内容的理解、方法的运用有直接的关系。因此，有些店铺能够在短短几天内找到急需的优秀人才，有些店铺则一个月也招聘不到合适的人才。

某保健品连锁店店长在网上发布了一则招聘广告，招聘销售代表。短短两天时间，她收到了七八百份简历，店长感到很开心，觉得是自己店铺品牌的吸引力很大。但从中挑选出优秀者并进行面试后，却几乎一无所获。原来，店长在招聘广告中只写了招聘"销售代表"，这就难以从应聘对象中区分出真正想要投入工作的人，更难以筛除那些对自身能力认识不清和缺乏职业规划的人。

类似情况，不仅会让招聘者要耗费大量的时间和精力，对于应聘者来说，也在客观上造成了精力的浪费。

首先，在招聘紧缺人才时，应该尽量完善招聘信息，向应聘者提供充分的参考。例如，注明薪资结构，包括具体是固定薪资还是弹性薪资、范围上下限甚至提成预测等。越是紧缺的人才，往往对工作目标越明确。如果店铺的招聘信息上没有相关信息，他们根本不会关注，甚至将简历投递到你的同行手中。

其次，店长在发布招聘信息时，还要有明确的标准。这样有利于确保应聘者的精确程度，减少筛选甄别的时间。

例如，某女性时装专卖店进行招聘，店长考虑到该店的主要消费对象为 18~30 岁、有固定职业、阶层较高的白领女性。因此，她要求应聘人员需要有对应的年龄，并在工作上有过接触类似人群的经历，了解时尚的最新潮流。由于标准明确，该店铺的招聘广告效果非常好，很快招聘到了所需要的员工。

小型店铺的招聘标准往往都比较接近，但如果是综合经营的大中型店铺，应该设置更为明晰的要求，制定对应的招聘标准。

最后，对于招聘人数较多或常年招聘的店铺而言，制订明确的招聘计划是非常必要的。这是因为计划能够提高招聘质量，提升招聘活动的成效。

一般店铺的招聘计划包括下列内容。

① 人员需求清单，包括详细的招聘内容：职务名称、数量、任职资格等要求。

②招聘信息发布的时间和渠道。

③招聘小组人选，包括成员姓名、职务、职责等。

④应聘者考核方案，包括是否需要笔试、面试场所、大体时间、题目来源等。

⑤招聘截止日期和新员工上岗时间。

⑥招聘预算，包括广告费、场地费、资料费等。

⑦招聘工作时间表，尽可能详细点，便于安排工作推进时间。

当店长有了一份周密的招聘计划，就能让招聘工作变得合理和规范，从而加快招聘的速度，提高招聘的质量，便于从众多应聘人员中识别并选择急需的优秀人才。

在寻找人才时，内部招聘也可能收到奇效，但需要关注以下要点。

1. 价值观

内部招聘的首要原则在于价值观统一。

店长需要了解员工的价值观，包括其个人发展规划和短期目标、对门店的发展建议、长远的人生志向等。员工的价值观应该围绕着门店整体利益形成，这样的员工在获得提拔后，才会认可并跟随店长的工作意图与发展策略。

2. 执行力

内部招聘选拔基层管理人员时，应优先选择执行力强的员工。

执行力强弱的差别，会带来工作结果的不同。例如，门店要求全体员工学习背诵某项目卖点或销售术语。执行力强的员工不仅第一时间背熟，还会积极安排团队学习，利用各种方式帮助大家，带动大家一起学习；执行力弱的员工却会抱怨，觉得背诵是浪费时间，不仅自己不积极，还可能影响别人。上述两类员工的表现，就是执行力强和执行力弱的鲜明对比。

3. 主动性

内部招聘中层管理者时，应重点考察主动性。中层管理者承担着上传下达的工作重任，对于门店的发展规划、管理制度等，应能积极主动地思考，在明确优化和改进重点后，才会加以推动。

4. 性格互补

内部招聘还应考虑候选者的性格特征，寻求优势互补。例如，目前的店长性格沉稳，比较强势，那么在副店长或主管的选拔上，就要侧重选择性格活泼且温和的。这样，在未来的管理工作中，形成优势共享的可能性就会更大。

5. 历史业绩和技术能力

对门店而言，中层管理者的个人历史业绩和技术能力尤其重要。为此，在内部招聘时，必须对相关数据着重搜集和分析，从中挑选出最优秀的员工。

6. 格局感

连锁门店企业同样可利用内部招聘选拔高层管理者。此时，应侧重选择那些格局感明确的人才。

高层管理人员的格局感，体现在愿意成就员工、能够为员工发展着想上。他们应善于规划，对行业的发展要有前瞻性的思考，对门店的发展要有明确的计划。此外，他们还要有能力提高门店利润率，通过采取实际经营管理、成本控制、整体绩效达成等方面的措施，帮助门店提高利润。

第 2 章

用策略：如何用人，让员工各尽其力

　　店长是一店之长，他必须对如何用人进行全面考虑，而不是将对员工的管理抛给上级部门。通过正确用人，店长能够调动员工的主观能动性和积极性，挖掘其潜力，使得他们在工作中做出更大的成绩。

01 聪明的匠人善于用材，高明的店长善于用人

门店员工管理，是指店长从员工的实际出发，通过总结和分析员工之间的差异，找到员工和门店最佳的匹配点，使员工能够发挥自身优势去完成门店任务，并为门店带来更好的业绩。

在店长的用人过程中，**最重要的是能够准确找到员工的优势，制定相应的管理方案，使其工作水平得到更好发挥**。同时，用人也需要根据门店自身特点和现状，不能只追求满足员工利益而不考虑门店实际情况，导致资源浪费。当然，也不能只看到门店业绩，而忽视了员工的感受和利益。

想要让员工的能力为己所用，首先要懂得营造积极的工作环境和心态。

某女装品牌门店中，一天的工作已经结束了，员工小张今天完成的业绩特别好，店长看在眼里。下班后，店长专门到隔壁的奶茶店买了一大杯奶茶，亲手递给小张，说："小张，今天你的工作完成得不错，尤其是在向新客户介绍我们的品牌历史这个环节上做得很好，姐很高兴，请你喝一杯奶茶。"小张得到了领导的肯定与认同，决心要更认真、更努力。

一个拥有积极心态的门店团队，必然有着能够影响和感染员工的店长。店长要学会营造良好的环境，例如在工作之余和员工融洽地沟通交流、培养积极的人际关系，为他们创造轻松愉快的环境，用自己开朗而具有亲和力的人格魅力来打动员工，让他们更加乐观和积极。

高明的店长很少会使用家长式、教条式的说教来培养员工。事实证明，即使那些原本具有潜力的人才，在面对店长千篇一律、枯燥乏味的大道理时，也会毫无感觉甚至产生抵触心理，导致无法为门店贡献价值。

一家 4S 店新招募的员工小许，刚刚大学毕业，为人处事比较稚嫩，也不太懂得融入集体。老员工都对他有些看法，觉得他太"幼稚"，不适合做门店销售，店长却并不这么看。虽然小许的业绩表现不佳，但店长没有马上找他进行长篇大论，而是观察他的个性特点、能力优势。不久之后，店长就发现小许的字写得很好，于是利用一次门店活动的机会，让小许充分展现了其书法功力，获得大家的一致称赞。

从那次活动以后，小许对集体的认同感大大增强，像换了一个人。一个月后，他的业绩开始节节攀升，逐渐成了门店的骨干力量。

现在的很多门店员工，由于其年龄、经历和家庭背景不同，因此更加渴望获得理解。作为一名员工，也希望有人能主动了解和发现他的特点，倾听他的心声。

因此，店长想要用好员工，首先要去仔细观察并肯定他们独特的优势，让他们产生良好的被重视感。其次，店长再从关怀和帮助的角度，去告诉他们有关工作的真实看法。这样，员工自然认为已经得到理解与尊重，行动起来就会更加积极主动。

最后，正如出色的匠人懂得将不同的木材用在不同的器具上，**优秀的店长懂得区分不同的员工。无论团队大小，只要店长明确了划分员工类型的标准，在管理和用人时才能有的放矢。**

某电脑销售门店店长上任不久，就听说员工老韩有意辞职，是店里的不安定因素。店长查阅了老韩入职以来的业绩，发现他前几年始终是店里的销售冠军，这两年来不知道什么缘故，跌落到了中游水平。随后，店长又观察了老韩的工作表现，发现他也并非像某些同事说的在"混日子"，遇到懂电脑、欣赏他的客户，他能够和对方像朋友那样聊天，并且顺利完成销售。

店长判断，老韩确实有能力，但却因为岗位长期不变，导致激情流失。于是，店长立刻通知老韩，他将成为下一批总部储备店长培训班的成员，这意味着老韩在未来有可能成为店长。感动之余，老韩的业绩不仅重现辉煌，还将好几个新员工培养成业绩骨干。

一般而言，门店员工主要有四种常见类型，表 2-1 列举了员工类型与店长采取的相应措施。

表 2-1　员工类型与店长采取的相应措施

序号	类型	特点	（店长）采取措施
1	能力与激情兼备型	这类员工既具备完成工作的能力，又有良好的态度	店长应对其表现出绝对信任，并适当放权，让他们可以完全释放价值
2	有激情、无能力型	这类员工中，既有没有相关经验的新员工，也有原本能力强但适应不了新环境的员工	店长应当加强对其能力的培养，同时保持他们对工作的热情
3	有能力、无激情型	这类员工具有一定的行业工作经验，但经常由于主观问题而积极性不佳	店长需要同他们进行深入沟通，了解其积极性不够的根本原因，弄清楚是工资待遇问题还是职业发展遇到了瓶颈，或者是对目前的岗位产生厌倦等。随后，再对症下药，调动积极性
4	无能力、无激情型	在门店员工中，也存在少数的无能力，无激情员工	①对于那些纯粹混日子的员工，应果断辞退；②对于迷茫型的员工，则应该观察潜力、帮助其树立信心和目标，解决心态问题，再培养工作能力

02 如何让员工待在适合自己的岗位上

科学有效的选择和任用机制，能够让员工待在适合自己的岗位上。在人尽其能的同时，也能确保每个岗位上都有最佳人选，为整个门店的运营带来强有力的保障。

毫无疑问，员工看待自身岗位，与岗位获得的内容有着密切联系。岗位获得的内容既包括薪酬，也包括其他任何形式的激励，即门店对员工所做贡献给予的相应回报。

在员工心目中，岗位获得内容不仅是自我劳动付出所得，一定程度也代表着岗位的价值特点。因此，店长在最初接触员工时，就应重点**介绍岗位能够带来的获得内容，帮助员工认清自身目标**。

小刘希望能进入某家连锁药店工作，由于她已有执业药师资格，店长向她介绍了该岗位薪酬水平较高的特点，包括底薪、奖金、提成等。但小刘又表示，自己还希望能在门店管理方面学到一些东西，而不是躺在现有的职业资格上止步不前。于是，店长向她推荐了质量负责人这一岗位，并介绍说，虽然该岗位属于兼职，也没有药师收入高，但在该岗位工作，有助于她未来获得内部的提升。小刘非常高兴地接受了这个岗位，并始终表现出色。

由于员工存在不同需求，并且门店的资源也是有限的，因此店长往往不能用相同方式来激励所有员工。这就需要店长从员工对岗位获得感的不同选择入手，引导他们找到最适合自身的岗位，并从实际获得中满足自我需求。经历了这样的自我选择和确认阶段，员工对岗位才会有真切的归属感，能够长期为之贡献力量。

除了适当运用获得感之外，还要让**员工看到岗位与自身能力特点之间的正确关联**。

在门店员工群体中，很容易出现两种对岗位的极端认识：一种是认为自己能力强、水平高，当前的岗位是"大材小用"；另一种认为自己能力弱、水平差，对是否能胜任当前的岗位忧心忡忡。其实，这两种表现都不利于员工稳定适应岗位工作，更不利于他们取得进步。

某女装店营业员小黄，在店里销售员的业绩排名中始终位居前列。虽然身边同事换过好几批，但她的销售成绩总是令人羡慕。久而久之，小黄的心思发生了转变。私下里，她跟朋友说，"老板就信任现在的店长，其实要是换我当店长，肯定也不差"。工作中，她也没有了刚入职时的激情，觉得只要维系好老客户就行，反正业绩也比其他人强。

店长看出了小黄不甘心做销售员的心态，决定帮助她重新端正态度。在一次微信闲聊中，店长不经意地发送给小黄一张截图，是自己过去担任某电商销售经理时的业绩，每月业绩完成量超过小黄十几倍。小黄大吃一惊，感到差距很大。随后，店长又跟她谈心说，看起来店长只比销售员高一个级别，但绝不是一名好销售员就能够成为好店长。如果老板没有看到销售员身上无穷的激情和学习能力，怎么会放心将店交给他呢？

小黄听懂了这些话。随后，她重新投入到工作中，销售业绩蒸蒸日上。半年后，老板开设新店，选拔了小黄担任新的店长。

针对员工对岗位和自身关系作出的错误判断，店长需要做的是帮助员工正确评价自身和岗位，既要客观严谨，也要能引发激情。对于那些信心不足的员工，要指出他们的潜在能力，树立成功的榜样，鼓舞他们在现有岗位上努力适应、进步、提升勇气；对于那些过度自信的员工，则要适当施加压力，督促他们主动寻找差距，看到工作岗位的严格要求，使他们重新认清岗位工作内容，并树立新的事业目标。

想要让员工在自身岗位上快乐工作、积极成长，店长要能科学划分门店的岗位工作职责和内容。由于门店功能比较单一，组织上不是按照部门划分，而是按岗位划分，因此存在大量兼任现象。门店主要的岗位如图 2-1 所示。

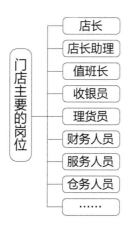

图 2-1　门店主要的岗位

在设计如图 2-1 所示的岗位职务时，可以考虑建立职务等级制度，或者根据卖场面积来设置不同岗位。有了制度化的保障，员工在岗位上的发展就有了科学的规划，自然能在适合的岗位上产生持久的工作动力。

03 如何识别员工优势，并用对地方

有这样的一个案例。

位于北京中关村某商厦内的一家照相机专卖店的每月营业额始终稳居同楼层众多店铺的前列。其中，有一位资深店员功不可没，他的业绩不仅在该店总是最高，在该公司的六个连锁店铺中也是排名第一。

不少店铺都曾经开过高薪挖人，但他就是不为所动。不久之后，他被提拔为店长、地区经理，业绩更加出色。他对朋友说："我之所以不愿意离开这家店，是因为最初进店的时候，我对照相机只有兴趣爱好，什么技术都不懂。是店长让我在这个岗位上有了充分研究的机会，挖掘了我研究照相机的潜能，所以我也要为这家店、这个公司努力工作下去。"

虽然这位店员本身是一个知恩图报的人，但店长作为管理者慧眼识珠，发现了他的能力优势，给他安排了合适的岗位，也相当重要。正因如此，该店员在为店铺创造利润的同时，个人能力得到了提高，收入也水涨船高。这说明，对于店长来说，识别出店员的优势，并用之于店铺管理上，能够打造出双赢局面。

识别并发挥店员的优势，要求店长熟悉每个店员的特长，根据他们的特长安排工作职位。同时，还要利用语言和行动显示出对他们的鼓励，激发他们更上一层楼的动力。

为了将店员的优势发挥到正确地方，店长需要做到以下几点。

1. 客观分析店员能力

作为店长，不能凭个人喜好来看待员工。有的店长喜欢"漂亮、懂事、机灵"的员工，这无可厚非，但不能只用这一种标准来选择员工。相反，店长必须认识到，每个人是不同的，每个员工也是不同的，要能够清醒地分析出每个员工在哪个方面比较突出、哪些方面有待提高，甚至哪些方面很难成长。只有这样，才能客观地评价下属，并根据实际情况激发他们的潜在优势。

2. 要安排员工最合适而非最有兴趣的岗位

人们经常会说这样一句话："所有的垃圾，都是放错了地方的宝贝。"对店员的能力有所了解后，店长应该给店员安排最适合发挥潜能的岗位，从而最大限度激发其价值。

例如，某店员比较擅长语言沟通，就应该考虑安排其担任客服、接待相关的职位；某店员心细、冷静，有一定的财务经验，可以安排其做会计工作。

需要注意的是，对店员岗位的安排，不能只听取店员自己一面之词的"兴趣爱好"。这是因为店员本人很可能并没有经过正式的自我能力倾向评测，无法认清其个人潜力所在。

3. 当店长决定让员工去岗位上发挥和锻炼时，就要充分信任他们

如果给予他们某个职位，却又担心他们缺少经验而不愿充分授权，店员就无法用心履行职责并自我提升。因此，当店长决定让具有独特优势的员工到最合适的岗位上创造价值时，就要给予其切实的权力，使其身在其位则谋划其事，确保能为店铺的利益最大化做出应有的贡献。

识别和发挥员工优势，应避免陷入两大误区：

1. 用徒者亡

不少门店老板或店长习惯选用比自己能力差的员工，因为看起来似乎更便于管理。这种误解，导致门店人才质量水平持续低迷。

古人云："用师者王，用友者霸，用徒者亡。"意思是如果能力更强的人为管理者所用，可以帮助其成就一番事业。如果志同道合的朋友为管理者所用，也可以形成竞争力。如果管理者任用各方面都不如自己的人，团队就很容易面临失败。

用人时，管理者应考虑到门店长远发展需要，不能因为便于管理而"用徒"，

多吸纳有能力的人才，才能获得真正的帮助。

2. 管理层无替补

门店在制定组织人员架构时，很容易出现管理层替补缺失现象。在许多门店的人员配置体系中，永远是一位店长、一位副店长，无形之中给门店经营增加了风险。当某位管理者辞职或者休长假时，该门店很可能没有合适的人选能迅速接替，没有人能接手管理工作，直接影响门店的运营业绩。

针对这一情况，在门店核心岗位上应积极配备储备人员。例如，门店内设立一名店长和两名副店长岗位，店长负责全店日常管理，副店长 A 负责管理产品，副店长 B 负责管理服务。类似配置能够让店长专注门店管理，也让副店长的岗位更具竞争力。即使店长休长假或辞职，也可以在两位副店长中选一位来担任代班店长。当门店升级或是扩张的时候，还能让副店长调到新店做店长。

此外，在设计门店的组织架构时，要预先设定好晋升机制。例如，普通员工业绩完成 10 万元、入职半年以上并带教过三位新员工，即可晋升为主管。主管充足后，后备人才队伍也就充实了，从员工到主管，从主管到副店长，从副店长到店长，即可形成良性有序的后备阶梯。

04 激励措施得当，员工潜力无限

零售行业，历来属于人员流动性较大的行业。这种流动，同时也意味着工作经验的流失，并很可能带来服务水准下降，导致老顾客离开。这不仅会影响到店铺的经济效益，还会让店铺管理、培训及诸多正常管理工作无法得到落实，长期处于被动状态。

为了确保员工能够安心在店铺内工作，店长应采用合理的激励措施，调动员工的工作积极性，增强他们的归属感。

某家具店店长老王，发现员工最近精神状态不佳，有顾客进门观看产品，他们也几乎都只是随便招呼一声，然后让顾客自己在那看。到月底，老王看了营业报表，发现整个月的销量相比之前至少下降了 20%。这让他感到非常苦恼：难道是提成不够吗？还是员工心思不定？

几天后，老王在培训课程上学习到激励员工方式的多样化，并了解到这一原则的重要性后，豁然开朗。原来，对员工激励的过程是螺旋式的，即便有金钱等奖励手段，也需要同时采用其他激励方法，避免他们在熟悉工作之后感觉枯燥乏味而进入懒散状态。

了解症结所在后，老王主动定期和店员谈心，不仅聊销售方法，也谈个人感想，还将自己对店铺发展的前景规划告诉员工，帮助他们规划个人的职业成长路径，让员工重新梳理个人目标。经过他的努力激励，店员的工作积极性得以恢复，一个月之后，店铺销售量比之前翻了一倍。

从这个例子来看，适时、正确地激励员工很有必要。同时，激励的方式方法还需要因人而异，达到真正满足员工需求的目的。

店长可以利用以下方法来激励员工。

1. 物质激励

店铺能够运用的物质激励手段包括工资、奖金和各种福利，如节假日奖金、生日慰问等。由于物质财富能够满足员工家庭生活、自我教育以及下一代成长的需要，满足员工生存、安全等最低层次的需要，因此是最基础的激励手段。

2. 榜样激励

在集体组织中，向榜样学习是每个成员内在的心理需要，其实质是对自我完善的追求。店铺内的榜样激励，能够通过满足这种需要，将店员的行为引导到对销售业绩和管理水平稳步提高的方向，同时对店员形成鞭策感，带来压力和动力。

3. 荣誉激励

对优秀店员进行表扬和给予光荣称号，发放象征荣誉的奖品等，是对店员贡献的公开承认，能够满足他们的自尊需要，由此达到激励目的。这种激励手段成本低、效果好，具有重要的实用价值。

4. 培训激励

可以通过外部和内部培训，对员工进行激励。培训能够满足员工尤其是青年店员成长和进步的需要。培训也可以提高店员达到目标的能力，为其承担更大责任、胜任更重要的工作、提升到更高职位创造必要条件。

5. 目标激励

绝大多数店员都希望自己能在工作中有所成就，而成就的标志在于达到预期目标。这是因为有目标才有方向，才能产生充分的工作动力，因此，目标激励是对员工很重要的激励手段。

能够有效激发员工潜力的目标包括两类：一类是店铺集体目标，例如提前完成店铺在年初制定的盈利目标等；另一类是店员个人目标，如是否能熟练掌握某种技能等。店长可以充分利用这两类目标，对员工进行激励。

6. 追求激励

店员如果对未来抱有充分期待，就能有效促进其工作潜力的发挥。追求可以分为个人追求、家庭追求，也可以分为物质追求、精神追求等。无论是哪一种，如果同店铺的整体经营理念结合起来，都能够对店员的工作和学习业绩的提升产生持久作用。店长应当把员工追求的目标作为激励的重要手段，帮助店员牢固信念，将之同店铺的发展结合起来。

总之，正确的激励方法，能够调动店员的潜在积极性，帮助他们出色地实现既定目标，形成良好的集体观念，不断提高自身素质和工作绩效。

05 真诚沟通，天下没有难用的员工

纳斯比特曾说："未来竞争是管理的竞争，竞争的焦点在于每个社会组织内部成员之间及其与外部组织的有效沟通上。"如果想让员工能够尽心尽责地工作，店长就要真诚沟通，从而提高组织效率、赢得员工信任。

下班后，美容顾问小张愁眉苦脸地收拾起东西。同事们感到奇怪，不知道这个原本性格活泼的员工究竟是怎么了。小张说："哎，一言难尽，我之前和新来的店长丛姐，有点儿私人过节，这次她上任了，还能不借机会报复我吗？"

原来，小张和丛姐曾经在同一家店工作过，因为对某个问题的看法不同，两个人产生过争论，最终被上级调解了。不久之后，两个人都离开了原来所在的岗位。两年后，小张成为这家美容院业绩最好的员工，而丛姐也获得了不错的事业进步，被老总挖来当店长。

听说了小张的想法，丛姐很快找到小张，微笑着说："小张，之前一直有点忙，没来得及和你沟通。其实，咱们以前在一个单位，现在又是同事，实在是太有缘分了。以前的事，我也有不对，真的很抱歉。但过去的事情就过去了吧，千万不要影响到咱们现在。小张，我知道你的技术是很好的，这家店不能没有你。只要咱们脚踏实地干下去，会有好成果的。"

看到丛姐开诚布公的态度，小张吃了定心丸，从此再也没有动过离开的念头。

沟通是将一个组织的成员联系在一起，实现共同目标的手段。为此，店长需要

掌握沟通的艺术。

1. 善于沟通者首先要善于倾听

在和店员进行沟通时，店长应该首先聆听店员的看法和意见，清楚问题出现在什么地方，找到其症结。这样，在处理问题时，才不至于片面和武断，而是找到更加完善的角度。

2. 在表达意见时，店长应做到简明扼要、谦虚诚恳

如果店长总是以身居高位者的态度，对员工耳提面命，即便意见内容是好的、出发点是对的，也不容易让店员接受，反而会让他们产生戒备甚至反感心理。

3. 在沟通中，要注意观察对方的态度

如果店员流露出心不在焉或者厌烦的表情，就应该懂得适可而止或暂时转移对方的注意力，也可以站在对方角度，说出对方的感受，表示自己的理解。这样，才能确保沟通始终能在良好的氛围中进行。为了突出沟通的重点，在表达某个意思之后，最好能够稍作停顿，观察对方的态度，给予他们表达的机会。这既是尊重店员，也是让他们思考沟通的内容。

4. 沟通应该一视同仁

店长的沟通责任，在于确保店长与员工之间，员工和员工之间，能够充分了解和理解，形成和谐、公平、公开的氛围，使得店内的人际沟通有效而健康，形成齐心协力的工作氛围。为此，在沟通中，店长不应存在亲疏远近的态度差别，而是应该以友好平等、坦诚真挚的态度去对待员工。在组织沟通内容时，要做到"对事不对人"，确保员工能够感到自己有着和其他所有人相同的竞争机会，从而通过沟通不断产生努力奋斗的激情。

06 如何让不合适的人痛快离开

　　店铺内出现了不合适的员工，是店长职业生涯中很可能遇到的情形。尤其当这样的员工经过培训和帮助后，依然无法达到工作标准，就需要采用正确的辞退方法，让他们痛快离开。

　　对不合格员工的辞退，需要利用必要的技巧与方法。店长要善于利用战略和战术进行工作，既要确保达到目的，也要注意避免被辞退的员工的情感受到伤害。

　　辞退店员的具体策略，应依具体情况而定。

1. 业绩不佳的裁员

　　在这种情况下，店长需要事先制订全面的沟通计划。这个计划最好能尽快提前公布，而不是等到决定裁员后再公开。

　　战略层面上，店铺要定期和店员围绕店内业绩、公司业绩、股东收益、上级要求等进行沟通，开诚布公地对店铺现有处境和未来可能走向进行探讨。当然店长也可以采用非正式渠道的沟通，利用旁敲侧击的方式，通过中间方告诉店员店铺经营不佳的状况，避免店员缺乏心理准备。

　　战术层面上，店长要和助手以及资深员工进行密切合作，制定具体的裁员时间表。例如某店铺因业绩不佳而裁员时，店长经过设计，对店员进行分流处理，让那些有市场竞争能力的员工先离开，将需要公司整体帮助的作为第二批，将最困难的少数员工留在最后处理。

　　补偿上，店长应向员工强调，已经按照法律要求提供了补偿方案。除此之外，店长还可以向公司或上级争取更多支持，尽量对那些早离职的店员给予适当奖励。

总体而言，在由于业绩不佳而主动裁员时，除了需要按照劳动合同以及相关法律法规的要求进行补偿之外，还应该让员工感到有人情味。这样既能够维护和提升店铺形象，也能够为今后业绩回升时员工重新回店铺工作留下余地。

2. 建议性辞退

店长应该懂得如何委婉地向员工提出建设性的意见，这样就无须下达正式辞退书，而是通过简易形式，告知员工有必要主动递交辞呈。一旦熟练掌握这种方法，对店铺管理很有用处。

建议性辞退的注意事项如下。

①店长应该学会选择有利时机，而不是盲目辞退店员。在和员工进行相关谈话时，应注意侧面了解当天是否为其特殊日程，例如他的生日、结婚纪念日，抑或其家人是否有生病住院、孩子是否在中高考等。

②适当考虑季节，为员工设想。通常而言，不要在 12 月通知员工离职，而在 1~3 月或 2~4 月之间，是较容易找到工作的时间。因此，当你决定向某个员工提出离职建议时，最好选择一个恰当时机通知他，这样他就能有充分的时间和空间去另谋出路，不至于影响正常生活。

③暗示为主，为店员保留尊严。所谓"暗示"，是指不应明确罗列店员在之前工作中所犯过的错误，更不能当众对其进行猛烈抨击。相反，只需要点到为止，让店员内心有所认识和触动，主动提出辞职。

④面对一些工资相对较高、影响力较大的资深员工，店长可以通过行业形势分析、新闻信息等共享策略，让该员工意识到自己转变的机会。这样，既能够减少他们实质上被辞退的痛苦，也能够为其带去新的转变可能，甚至因此让店员走上更大的事业舞台。

总之，对不合适的员工进行辞退，店长既要充分维护店铺利益，也要讲究应有的策略，尽量考虑全面，确保不产生后患。

第 3 章

造氛围：如何育人，让员工忠实于企业

作为店铺的管理者，店长除了应具备丰富的营销技能和产品知识，更有责任将自己所掌握的知识技能传授给员工。通过对员工的培育，提高他们的销售能力和服务水平，营造良好的工作氛围。这样，不仅能够提高整个店铺的经营效率，还会让员工与企业的关系更为密切。

01 好师出好徒，要学会育人

店长是管理者，也是员工的好师傅，是领导和教授员工如何将事情做好的人。为此，店长首先应教会员工基本的工作方法，此外，还要对他们进行品牌文化、工作流程、规章制度、产品知识等方面的培训。一言以蔽之，好师出好徒，店长学会育人，才能看到店内的新鲜力量不断成长。

在全球著名的连锁餐饮巨头肯德基，店长的培训职责被看成重要的管理内容。肯德基的每个工作岗位，都被称为"工作站"。新员工进入之后，会在各个"工作站"学习，接受店长等老员工的培训，这种培训被称作"星级训练"。

新员工每通过一个"工作站"的培训，就能获得一个星，再进入下一个"工作站"接受学习和培训。因此，每通过一个工作站的培训，新员工就能获得一次来自店长的肯定。这样，新员工就能带着强烈的成就感度过这段适应期。

从肯德基的成功案例可以看出，店长需要重视"育人"的职责。现实情形是，很多店铺开展了培训活动，聘请了各种讲师，投入了不菲的培训资金，但培训效果却难以令人满意。归根结底，培训需要通过店长的投入才能产生真正的效果。这是因为店长了解店铺和员工的具体情况，能够做到有的放矢、针对性培训；店长能够灵活随机地选择培训方式，让教育引导员工的过程变得轻松愉快而充满乐趣；店长与员工长期相处，培训内容可以在日常交流中能够很方便地互动交流沟通。

下面是店长对员工常用的培育方式，具体内容如表 3-1 所示。

表3-1 店长对员工常用的培育方式

序号	方式	详细内容	备注
1	集体正式培训	门店员工集体参加面授培训，例如，由技术总监每周进行的技术培训、全体员工外出学习新技术，或者其他团队形式的培训等。这些培训是有计划、有目的地针对某一类或全体员工进行	
2	"老带新"一对一培训	"师傅带徒弟"形式的一对一辅导学习，这是门店最常见的培训方式，主要适用于进店工作的新人	老员工从门店文化、技术技能、销售技巧、个人素质等方面入手带动和培育新人。当然，这对老员工的能力素质有一定的要求
3	随机式在岗培训	将学习到的理论和技能应用到实际的工作中，通过实践去巩固知识	例如，在健康养生服务门店中，员工刚学习了某项健康管理的按摩技术。当顾客有相应需求时，就要运用学习到的知识，为顾客服务，体验服务的流程。根据顾客反馈的结果，就可以检验员工是否掌握了该新技术操作，或是否存在有待提升之处
4	授权式培训	在某项工作领域，赋予员工一定的权限。在授权范围内，员工应充分发挥能力，对工作进行规划并组织推进，从而达到绩效目标	例如，可以将门店已策划的活动方案授权给某位核心员工，该员工有权进行人员的调配和资源的协调，其他人员需要积极配合。这种授权式培训，让员工有更大的发挥空间和学习成长的机会，能更快速而全面地积累工作经验
5	轮岗培育	门店在培养储备干部或者核心管理人才时，可以采用该方式进行	鉴于管理者需要对门店的各项业务、流程制度、管理方式等非常熟悉，应组织员工在不同类型岗位上轮流工作，了解门店整体运营情况，为其将来走上管理岗位奠定基础

02 如何帮助员工制定目标，快速成长

员工之所以有着千差万别的表现，很大原因在于他们有着不同的工作目标。目标如同路标，为员工在工作中的行动带去方向。作为店长，帮助员工设定正确的目标，是推动其快速成长的关键性任务。

在竞争激烈的上海南京路商业街上，有一家旅游特产店铺由于位置不佳，业绩很差，上级准备关闭。但此时一位店员自告奋勇，表示自己如果成为店长，就有信心将店铺带出困境。这位店员是当地人，对这家店铺很有感情，表现得也很真诚。上级被他打动了，给了他半年时间。这位店员成为店长后，店铺三个月内实现盈亏平衡，到第六个月时就盈利了。

后来，有人问这位店长，上任后究竟首先改变了什么，是改变了产品价格，还是改变了产品陈列方式？店长说："我首先改变了员工的目标。我鼓励他们不要忙于赚钱，而是要让游客感受到，我们是南京路上最开心的一家店，而你是店里最开心的那个人。然后，我告诉他们，每个人每天的工作目标，就是将这种快乐传递给十个以上的游客。"

给员工设定目标，并不是向他们"灌鸡汤"。在店铺管理中，真正有意义的目标是具体、清晰、客观而可量化的，具有实践指导作用，能够让员工通过最简单的认知获得改变，明确自身任务与职责，激发主观能动性，有效完成目标背后所传递的意图。

为此，店长在为员工制定目标时，应注意以下方法：

1. 目标应明确具体

目标只有明确具体，才能感染员工，并推动他们获得成功。这意味着店长在进行各种计划之前，需要将目标量化或者形象化，用具体的语言文字，清楚说明希望员工能做出的改变或达成的目标，包括工作量、达成日期、责任人、所需资源，或者使用的具体方法方式等。

2. 目标应该可以衡量

目标能否达成，应该有可以衡量的标准和尺度。否则，员工在具体执行时，就会不断减少自身工作量以及付出的努力，很容易感到疲乏而注意力涣散。这正是因为缺乏具体的指标，对其工作投入程度进行要求与约束。

3. 目标是能够完成的

店长为店员设定的目标，必须是能够通过努力可以实现的。过高的目标很难实现，会对员工的积极性和自信心造成打击。而过低的目标会因为太容易完成，而失去挑战性，使得员工的潜力无法被激发。

因此，店长需要给员工与现实密切相关的工作目标。店长应确保员工清楚，完成个人的相关目标，是与公司（上级）总目标、店铺目标、职位职责相互联系的。

4. 目标应有时间限制

目标的完成，必须与时间要素紧密关联。如果没有时间限制，不同的人对工作的完成时间点会有不同的理解。这不仅会导致店铺内员工集体工作节奏缺乏一致性，还会让员工感觉店长要求不对等、不公平。

因此，店长在帮助员工制定好工作目标后，要规定完成和检查的时间，帮助他们树立积极的工作态度，促进员工长期持续地完成工作目标。

5. 制定目标后的跟进工作

店长在帮助员工制定好目标后，应该促使员工树立积极的工作态度，帮助员工长期持续为工作目标而努力。这方面具体注意要点包括如下内容，如表3-2所示。

表 3-2　店长如何帮助员工持续努力

序号	详细内容
1	当员工完成某项目标后，对员工进行一定程度的激励，并与员工探讨随后的工作目标
2	参考员工的近期工作表现，设定下一步工作目标
3	耐心地和员工讨论目标计划，并针对细节问题提出建议
4	设定目标之后，尽量帮助员工解决实际问题，为他们提供路径和方法，帮助他们树立信心完成目标

最重要的是，在帮助店员树立目标的过程中，不能急于求成。有些店长为了获得良好的绩效、理想的结果，忽略了客观现实条件，单凭良好的愿望和热情，制定难以实现的短期目标。这样做，不但无法提高员工的贡献，而且还会偏离既定路线，导致令人失望的结果。

实际上，店长需要将更多的精力和时间放在观察问题症结所在上，并将解决问题的方法上，化解成为整个团队或个人在短期内就能完成的目标。在实现该目标的基础上，逐步推进，最终达成月度、季度和年度目标。这要求店长摒弃急功近利的思想，以现实为出发点，将目标作为引领员工前进的激励，促使店铺绩效总体提升。

03 如何制订培训计划，让员工更适合企业发展

店铺的培训，是针对成年人的培训。由于员工已经在学校经历过多年教育，店长在制订培训计划时，必须通过合适的内容安排和形式选择，使得员工培训与其过往教育经历有所区别。这样，他们才能获得充分成长，更加适应企业的发展。

麦当劳在全世界各地分布有大量的店铺，为了确保不同的连锁店员工都能够拥有良好的职业发展前景，麦当劳专门设立了"汉堡大学"，提供麦当劳食品制作和餐厅管理方面的培训。这些培训内容分类详细，并划分为不同的课程时间。

例如，麦当劳区店顾问培训课程表如下：

①简介、注册条件、课程、导论，共 3 小时。

②门市部历史和工作职责，共 1 小时。

③责任区管理，共 2 小时。

④对分店店长的工作场所教学，2 小时。

⑤调整策略和门市部顾问策略，2 小时。

⑥财务知识，8 小时。

⑦区店部顾问技巧和目标，2 小时。

⑧管理工作，1 小时。

⑨执照，1.5 小时。

⑩操作发展工作，1.75 小时。

该课程培训计划囊括了一名合格的区店顾问所需要掌握的知识、能力和工作技巧。实际上，从麦当劳实习生店员开始，店铺的每个职位、每个员工，都需要在类似的培训计划下指导自己的成长与工作。

普通店铺应该如何为员工制订培训计划？

1. 进行培训需求分析

店长可以围绕店铺发展目标来对人员能力、技术、水平、业绩提出要求，将这些要求同现实状况进行比较，寻找差距。而这些差距，正是培训的重点所在。

2. 着手制订系统、完整的培训计划

培训计划既是之前培训需求调查的阶段性总结，也是实施培训工作的重要规划，起着承上启下的作用。

培训计划通常包括以下内容，如表 3-3 所示。

表 3-3 培训计划包括的内容

序号	方式	详细内容	备注
1	培训项目名称	需要对即将开展的培训项目进行概括，便于记录存档和区分认识	例如"××门店 2018 年新员工培训计划"
2	培训目的	店长应该从店铺发展战略和整体上，对培训所需要解决的问题、所要达到的目的进行明确阐述。这是培训工作方向性的内容，也是培训结束后对培训效果进行评估检验时的依据	
3	培训对象	列出培训所针对的人员构成	包括具体岗位、部门、学历以及对参训人员的其他要求

（续）

序号	方式	详细内容	备注
4	培训目标	培训目标主要是指通过培训之后，员工所应该具备的能力或达到的业绩要求； 在设置培训目标时，通常包括三个层次： ①内容，即店长期望店员能够做哪些事情； ②标准，即店长期待员工将事情做到何种程度； ③条件，即店长要求在何种状况下做到的内容和标准	例如，在某快捷酒店，店长对客房服务员进行顾客服务培训，其培训目标设置为：培训结束后，员工应当能够在独立的情况下（条件要素），在25分钟之内（标准要素），将客人离开的空房间打扫恢复到可入住条件（内容要素）
5	培训内容	培训内容是培训计划的核心，也是解决培训需求所采用的工具。主要包括具体的课程和培训项目	培训课程内容通常也可以分为三种类型： ①知识传授，即通过培训要求员工具备完成店铺岗位工作所必须掌握的基本知识，例如产品知识、店铺规章制度、市场竞争对手情况、销售业务知识； ②技能的培养，即通过培训后，员工所掌握的能够完成岗位工作需具备的业务能力，如操作机器设备的技术、话术能力、团队协作能力、应变能力、服务能力等； ③态度的转变，即通过培训后，员工所能具备履行岗位工作所要求的态度，如职业礼仪、行为规范、道德素养等

（续）

序号	方式	详细内容	备注
6	培训时间	培训时间的拟定分为三方面内容, 包括整个培训计划的总执行时间、培训计划中不同项目花费的时间、每个项目具体时间的起止	
7	培训师资	在培训开始前, 应该确定是由店铺内部资深员工或店长任教, 还是由外部人员任教。具体的人员, 则应依据不同的培训课程和对象进行选择	例如, 新员工入职培训内容中, 有关礼仪、沟通等能力方面的课程, 可以请专家辅导, 而有关企业文化、规章制度、部门业务知识等内容, 则应该由店内力量授课
8	培训组织	为了确保培训稳定有序进行并能达到相应目标, 在培训计划中应明确设定开展培训的责任部门和人员, 有利于培训过程中工作的协调与责任的落实, 并保证培训效果	
9	培训考评和反馈	为了对培训效果进行检验, 督促培训对象提高学习效率, 应对所有的培训内容进行考评和反馈。同时, 培训计划应该对考评方式（笔试、面试、操作）加以明确, 并在时间、人员、费用等方面做出全面安排	

04 帮助员工做好职业规划，跟随企业一起成长

　　某个酒店新开业不久，店长老洪为了激励员工加强学习和提升自我，要求给每个员工所在的岗位都设计了职业发展方向。其中，员工的方向是领班、领班的方向是主管、主管的方向是部门经理等。

　　然而，在这样的"职业规划"推出后不久，员工们的精神面貌并没有发生转变。相反，少数员工反而选择了离开。老洪对此百思不得其解：明明员工的工作看起来有了奔头，为什么却依然故我？

　　不久之后，在和一位离职员工的谈话中，老洪终于了解到问题的症结所在。员工们并不希望直接被管理层规定自己的发展方向。相反，不少员工都希望能够通过现有岗位的磨炼，更好地了解自己的能力特点，在积累经验之后，再在有效的比较下，明确未来职业规划。换而言之，他们的确需要店长的指导，但并不是"被设计"。

　　店长帮助员工做好职业规划自然是有必要的，只有这样，才能让员工在准确的职业定位的基础上，拥有对未来的期望和憧憬。同时，拥有了明确的职业规划后，也能减少员工的迷茫感，避免在职业道路上走弯路，减少受到的负面刺激，避免职业心理危机。

　　然而，职业规划并不是通过耳提面命的灌输就能成功构建的。店长必须遵循个人规划的三阶段来指导规划：自我认知、自我接受及自我实现。其中，自我认知，重点在于由店长分析员工的职业机会、能力特长；自我接受，在于了解员工的长处和短处之后，要给他们提供时间和空间，去帮助他们尝试放大优点、消弭缺点；自

我实现, 是指员工在指导下, 能够有意识地去实现自己的职业目标。

因此, 店长帮助员工进行职业规划, 是身体力行帮助他们正确认识自己, 对自身所存在的问题进行修正, 而不是一味主观生硬地对员工提出要求。这意味着在帮助员工进行职业规划的过程中, 店长必须扮演好引导者的角色。

1. 了解员工

店长需要了解员工的想法。身为引导者, 店长需要通过多种渠道, 为员工提供评价自身潜能的平台。例如, 可以专门设计一份员工潜力评估表, 项目包括工作观念、日常执行能力、人际关系、任务达成能力评估。同时还可以提供一份员工职业生涯规划计划表, 要求员工填写自己的工作年龄、现有职务、职务变动经历、未来所希望的职务发展方向等。

通过这样的方法, 店长能够将员工个人需求和整个店铺需求结合起来, 从中扮演"撮合"角色, 随后再根据员工的想法及店铺需要而对具备潜力的员工进行重点训练培训。

2. 引导训练

在完成上一步骤之后, 店长应该让那些已经明确进行了职业规划的员工, 参与到实际工作训练中。训练内容包括: 即将担任岗位的工作训练; 专业知识培训; 专业技术学习; 企业文化和政策等。

当然, 在实施这些训练时, 店长应该为员工提供相对愉快的大环境。只有这样才能确保职业生涯规划目标真正符合员工的计划, 他们也能就此全身心投入到工作中去。

值得注意的是, 店长在了解员工的期望、满足员工的需求之后, 就要努力让自己在员工职业生涯规划中占据主导地位。店长应当积极协助员工, 与他们共同发现潜力, 而不是简单地运用激励形式去刺激员工工作。

在此过程中, 店长可以采用和员工正式或非正式交流的形式进行了解, 也可以注意对员工进行观察, 尤其观察他们处理不同工作内容的态度和结果。最重要的是, 由店长引导员工积极主动发现自己的兴趣爱好和生理心理特长。

3. 科学考评

要想帮助员工做好职业发展规划, 还少不了一套客观科学的员工技能考评体系。

店长要围绕企业内不同岗位要求，制定较为详细而科学的任职要求，这样就能通过比较观察，发现员工与其现有岗位的任职要求差异，并能实施针对性的规划指导。当然，如果店铺规模较小，就应该集中资源，对较为重要的项目进行考评、比较和培训。

05 转变员工观念，让员工成为店铺主人

对员工的培训和教育，不仅能够推动员工不断成长，也是让店铺业绩提升的重要条件。为此，店长应该帮助员工积极转变心态，使他们从"要我干"到"我要干"，实现由打工者到管理者的心态转变。

现实中，由于店长和员工之间的心态差距，很多时候无法将身处同一店的两者在行为上联系起来：许多店长辛勤努力，但他们的员工表现一般，为了赚一份薪水而工作。实际上，这与店长对其心态转变的指导不够有密切关系。

店长培训能力的高低，不仅体现在对员工技能的培训结果上，更应在员工心态和思想的转变上有所体现。是否能将员工的想法改造为"为了店铺和自己的未来，应该努力工作"，是培育员工成败的关键。从这个角度来看，员工心态及行动，是店长培训和管理过程所最应重视的结果。

要想改变员工的心态，店长必须先重视自身的观念转变。在人才管理和培训过程中，店长不要被传统思维方式所束缚，应明确以下要点。

1. 不要只看业绩，不看心态

对于衡量员工能力而言，业绩固然重要，心态表现则更加重要。一个月业绩数万元的员工，如果心态不佳，业绩排名迟早会掉队。反之，如果心态转变，可能每月业绩达到十几万元。

同样，一个目前业绩较差的员工，如果心态发生变化，积极性得以提高，则很有可能在短期内产生变化。

店长必须认识到，心态是业绩的根本，业绩是心态的表现。如果不注重心态引导，

一味单纯强调业绩数字，就无法从根本上使员工获得提升，最终变成舍本求末。

2. 注重员工的心态培养

很多店长更强调引进新店员，而忽视了对店员的有效培养，在人员使用上动辄存在"不行换人试试"的错误想法。

实际上，店长应该认识到这种态度的偏颇之处，转为高度重视现有员工的主体地位，要帮助这些员工全面释放潜能来提升业绩，而不是轻易割裂他们同店铺的关系。

3. 注重岗位转变

店长培养员工的方法有许多种，但最有效的是岗位实践。没有什么培养场所和环境比工作岗位更为高效。通过在具体工作中的指导，进行有目的、有针对性的培养，能够让员工真正意识到自己是店内的主人。

例如，某中型超市店长规定，生鲜、食品、日用、服装等专柜员工每隔两个月就进行一次轮岗。新员工轮岗的速度则更快。通过这种方法，使得员工经常从事未能做好或者从未接触过的工作，激发他们积极思考、提高效率的进取意识，同时，在轮岗中，他们也能对整个超市的销售工作了解更加全面深入，对自身的优势和弱点认识得更加清楚。

运用类似方法，店长可以对那些已经大体熟悉和掌握现岗位工作要领的员工，不失时机地给予新的工作机会，同时进行一定程度的指导。这样，员工就能感觉到整个店铺都是自己的广阔舞台，并进入优胜劣汰的竞争选拔中，调动内在动力和积极性，完成心态转变，促成内在潜力的释放。

06 销讲培训：收人、收钱、收心

戴尔·卡耐基曾说："演讲，是人人都有的一种潜在能力，问题在于每个人是否发现、发展和利用这种天资。一个人能站起来当众讲话，是迈向成功的关键性一步。"同样，销讲作为演讲的分支，是店铺员工培训的重要内容。即便员工天生性格内向、懦弱，只要接受专业的销讲培训后，都会在不同程度上有所改变，甚至成为业绩高手。

某保健产品连锁店的前任店长不太注重销讲技能的培训，只围绕两三个老员工，要求他们从熟悉的顾客那里提高业绩。结果，整个店铺气氛不佳，业绩任务和激励分配都让员工怨声载道。

新任店长到来之后，首先开设了销讲课程。课程由店长和外部专家讲解，集中教授了员工如何组织销讲会议、如何演说、如何处理应急情况、如何面对顾客提问、如何促单、如何收款等内容。在培训课程中，还邀请了老员工分享自己的经验心得，并组织了实地模拟。

通过销讲培训，员工无论是对产品本身的认识，还是对顾客的了解，以及对销售技能的掌握，都得到了充分的提升。更重要的是，通过销讲培训气氛的营造，整个店铺内员工的精神面貌焕然一新，工作积极性大大增强。不久之后，这家店铺的业绩就冲入了集团前十名。

成功的店长都有不同的背景和经历，而他们的共同点就在于一言一行、一举一动中的说服力与感染力，但是，只有店长具有如此强大的演讲能力还不够，他应该通过培训，将这种能力传递和分享给自己的员工，做到从"收人中收心，从收心中收钱"。

1. 普及销讲价值

店长应该在培训前，向员工（包括实习员工、应聘者）引出这样的问题：你为什么要学习销讲？你希望自己能达到怎样的水平？销讲能带给你什么？你愿意付出多大的代价？目前的障碍是什么？你准备如何突破？当店长能够带领员工做出正确回答时，就能够准确定位自身，端正员工的心态。

2. 树立销讲自信

在培训中，店长要帮助员工克服紧张、胆怯、心理素质不够硬的缺点。应该引导员工认识到，这并不是他们的天赋不佳，而是因为他们对产品或销售不够了解，不知道顾客需要什么和喜欢什么，因此会产生陌生感，害怕被当众拒绝。同样，也与他们不懂得如何调整自我心态，对自我价值认识的不够有关。

3. 传递销讲技巧

当员工心态端正之后，可以在短期内教授一些实用性很强的技巧，帮助他们迅速看到自己的进步。

例如，张店长在销讲培训开始后，就向员工们坦承自己上台也会紧张，而最快化解紧张的方法，就是和观众进行互动、对话、玩游戏。当员工们了解到这一点后，就会有种揭开了魔术的秘密的成就感，并对销讲技能兴趣大增。

值得注意的是，店铺的销讲活动和对员工的招聘培训往往是关系密切的。在实践中，很多应聘者都是通过参与活动对应聘职位产生了兴趣，最终加入到销讲学习中。将两者之间串联起来的有效方式，就是店长对有关产品、服务、人的故事所进行的阐述。

在活动和培训之前，店长应该努力积累有关故事，能将一个个简单的案例讲得有声有色，这样才具有强大的说服力，不仅能够激发店铺店员的学习热情，还会吸引到那些跃跃欲试的应聘者。

第 4 章

创文化：如何留人，让团队永葆战斗力

　　能够让优秀成员最终留在店铺团队内的，既不是漂亮的利润数字，也不是打到其工资卡里的固定收入，而是店铺内健康向上的文化氛围。店长通过加强企业文化建设，充分发挥文化导向、凝聚、激励和约束功能，可以让员工个人价值与店铺目标一致，增强他们对店铺的归属感，让团队永葆战斗力。

01 留人先留心：让员工不走的分钱模式

马云说过员工想要走无非两个原因：钱少了，心冷了。实际情况中，"钱少"又是导致"心冷"的主要原因。为了能够留住优秀员工，让店铺和店员双赢，店长必须懂得如何积极建立和使用正确的分钱模式。

传统意义上，店铺经营业绩和员工关系不大。员工们在店铺工作一天，就领取一天的工资。即便员工在工作期间通过销售创造了大量利润，店铺也最多只是给其少量提成，所能起到的激励作用有限，更谈不上将员工留在团队中。因为真正有能力的员工，无论到任何店铺都会有业绩，有提成。

针对这一情况，店长必须改进之前的分钱模式，将工资和提成制度改为年终分红模式。这样，就从之前的"零和"走向"双赢"。

不妨来看看以下的操作实例。

公司给某店铺定下的全年利润为 500 万元。年终总部根据店铺销售额核算后，得出店铺的利润为 580 万元。对于超出的 80 万元，总部拿出了 50 万元作为分红基金。对于这 50 万元，秦店长将怎样进行分配呢？

一开始，秦店长打算将 50 万元平均分配给店铺员工。该店员工总共 50 人，平均下来，每个人获得 1 万元的分红。

计划虽然很容易做，但秦店长却并不放心，分钱真的能这么简单？

答案当然是否定的。按照平均主义进行分配，看似公平，也便于计划和执行，但无法达到理想的激励效果。如果真的这样分钱，那么来年会有相当数量的优秀员工选择离开。

经过思考和比较之后，秦店长选择了合理的分配方式：根据员工的工作业绩差别，按照不同比例进行分配。对于 40 名导购人员，根据其个人销售额占店铺全年总销售额的比例进行分红；对于 10 名后勤人员（如维修、服务人员），根据其实际工作表现，予以相应考评，再根据考评结果进行分红。

例如，某导购年销售总额为 60 万元，为店铺全年总销售额的 6%，则其分红比例为 2.4 万元。

由于无法直接评估后勤人员的业绩，因此秦店长决定根据其全年表现进行评级，再根据级别，分配 10 万元的总奖金。这能够确保分红是根据员工实际业绩和表现进行的，能够最大限度地体现公平。

通过正确的分钱方式，秦店长的店铺给予员工充分的归属感，强化了团队的凝聚力。店铺的业绩不再只和上级、店长有关，而是会直接影响到员工的收入，产生了明显的激励效果。

在薪酬设计上，要确保以下原则。

首先，保证薪资至少不低于同行平均水平，这样才能留住员工。

其次，要注意内部的公平性和激励性。同样岗位、各方面经验接近的员工底薪应一致，而提成则可以设置为阶梯式。业绩越高，对应的提成点就越高。这样才能最大限度地调动员工的积极性。此外，还可以设置项目股等长期的激励。

在店铺的薪酬激励管理方案中，店长应该设计和提供明确而富有激励性的分配方法。可以在直接工资、直接提成、工资加提成、工资加分红、工资加提成加分红等方案中，进行有针对性的选择，采用其中一种或多种分配方案。

如果是规模较小的店铺，店长即投资者本人，拥有充分的决定权，也可以对那些资历老、能力强、角色重要的员工实行股权激励措施。

当然，无论采用哪一种分配方案，店长都不能贸然主观决定，而是要听取员工的建议和看法，设定他们最愿意接受的分配比例，从而确保分配方案能够产生最佳效果。

此外，在利用个人分配方案"留人"的同时，也可以利用集体分配来做到这一点。

如某销售员工和其所在小组、部门超额完成任务，那么该销售员工除了可以获得自己的提成之外，还能获得店铺对其所在团队的奖励。这种方式能够更好地绑定店铺内部员工相互之间的利益连接，促使他们积极合作，更好实现小组或部门目标的同时，也能拉近他们的人际关系，使他们对店铺产生归属感。

当然，"分钱"的方式是多元的，并不仅仅体现在薪酬分配中。

除薪资外，门店可适当设置福利制度，以提升员工的幸福指数。例如，可设置节假日补贴和礼物，如"十一"黄金周、"五一"小长假、元旦等节日奖金，向节假日始终奋战在第一线的员工表示感谢。

02 完善制度，让人才留下来，让不合适的人离开

店铺的机制如何，对于真正的人才有非常重要的意义。如果店长能够建立行之有效的制度，让人才留下来，让不合适的人离开，就可以逐步实现"能者上，平者让，庸者下"，增强整个店铺的战斗力。

从员工的角度看，一家店铺有了完善的制度，有了明确的职责分工、清晰而可执行的奖惩制度，就可以培养出积极向上的良好工作氛围，带来轻松愉快的工作情绪。有了这些，即便收入短期内没有增加，员工的心也会安定下来，为店铺业绩的增长添砖加瓦。

某母婴店现有 50 多名员工，其中占比最大的是工作了 2~3 年的员工，主管则大多是工作了 3~5 年的员工。在对该店员工的管理中，店长运用了规范化的制度，保障员工的角色位置及其相互关系。

新员工自正式进入店铺后，会随着工作资历的积累，被划分成为不同的等级。其中横向 A、B、C 三个级别，纵向 1、2、3、4、5 等系数。

通常情况下，新进入的普通员工会被分配在 C1~C3 级别中，如果有特殊技能如美工、网络等，则会被分配在 C4~C6 等级。B 级别通常为老员工和组长，A 级别则是店长和副店长。级别之间的调整，会每隔半年左右进行一次。通过这样的变动，员工会了解到店内工作的晋升机会是有制度保障的。

级别主要是和员工的权力和地位相联系，除了职位名称的荣誉之外，还和相关

福利挂钩，包括每年的带薪假期、住房补贴、旅游机会等。

系数则主要同员工的奖金、年终评比挂钩。系数的确立主要和工作重要性等因素相关，一般而言，相邻系数之间的差数设定为 0.1 左右。因此，即便是相同级别的员工，奖金的高低也会因为系数不同而有所差异。

该店之所以要划分员工层级，是为了利用制度来保障员工之间的差异化，这种差异，集中体现在员工的福利待遇的不同上。另外，由于很多店铺内有些岗位门槛较低，流动率普遍比较高，如果没有相应的制度来保证员工之间的福利差异，店长留人就会变得困难。

当然，这种制度化的待遇差异也能为日常工作中店长对员工的授权打下基础。当店铺希望留住有能力、有业绩的员工时，不仅需要给他们有所保障的物质福利，也要给他们更高的话语权、影响力和工作权利。

这些授权，不能依据店长的个人喜好，也不能只根据工作年龄，而是要通过制度化体系管理下的员工层级来加以映射：级别越高，福利待遇越好，所能获得的授权越大。

有了制度保障，那些优秀员工即便想要离开，也需要衡量离职的成本，即便他们在新的公司和店铺可能获得更高的收入，但如果这种收入缺乏制度性的保障，就无法长久回馈他们的工作付出，也不能保证他们未来还能有所提高。同样，那些缺乏能力和经验的员工，也会由于制度的约束力量，而愿意主动离开，避免占据岗位却无法获得成长。

总之，制度完善才能让奖惩都具有长远的说服力和影响力，才能让人才愿意留下来，让不合适的人离开。

03 合理的薪水和福利才能留得住店员

无论是激励普通员工，还是留住优秀员工，店长都不可能依靠喊口号，而是要以真金白银去打动人心。换而言之，物质激励是基础，合理的薪水和福利，才能留得住人、用得起人。

除了提供符合行业一般水平的工资待遇之外，为了更好地调动员工的工作积极性，店长还要学会发挥加薪这种激励手段的作用。

加薪激励方式主要有下面几种。

1. 固定时间加薪法

每到年初，韩店长都会根据店铺经营状况和员工综合表现，拿出店铺的部分预算，为老员工增加固定收入。这种固定时间加薪的方法能够给予员工一定的安全感和归属感。但其缺点在于把握难度大，用人成本会不断增加，有针对性的激励不够，员工的获得感不强。

刘店长开了一家汽车维修店铺，由于员工不多，而技术要求高，于是他根据员工在店铺工作的年限，以年为单位增加员工的固定收入。

一方面，这种方法肯定了员工的忠诚度，有助于让他们留下。但另一方面，这种方法又缺乏对新员工的激励性，容易造成新老员工利益的失衡。

2. 评优加薪法

某快餐店每周、每月、每季度都会进行业绩评比，根据同事、顾客和店长打分的方式，选出"业绩之星"。根据每个季度"业绩之星"的整体排名情况，对表现优秀的员工进行加薪。

这种方法能够鼓励员工始终保持最好的表现，其唯一的缺点是容易打击到某段时间内表现不够优秀的店员。

3. 特别加薪法

除了上述常见的加薪方式外，有些店铺还会采取特别加薪方式。

王店长为了保持公平性，采取私下为员工发红包的方式进行激励，当然，他也非常小心，避免让其他员工知道。

赵店长会根据员工表现，以增加午餐补贴、交通补贴、加班补贴的形式，在一段时间内提高部分员工收入。这种做法的好处是以"借口"来丰富员工收入类别，让他们感受到福利。但赵店长私下也强调说，这些补贴并不是刚性的，是对员工努力工作的回报之一。

陈店长在店铺内设立了每月单项奖，其中包括全勤奖、进步奖、节约奖、贡献奖等。然后每月评选出获奖者予以奖励。通过给予员工荣誉和物质激励，引导他们积极创造与付出。

当然，综合来看，最佳的工资和福利策略，应该是以店员贡献的整体价值作为衡量标准，充分激发员工的工作潜能。这样就能让员工明白：业绩到位，就会获得收入提高的奖励；业绩越高，获得收入提高就越多。

例如，某位店员每个月能完成的基本销售目标为3万元，对应3万元的目标，可以设定基本的工资福利总数为4000元。在此基础上，店长可以设定他的超额目标为4万元，一旦达成，就奖励1000元的绩效奖金，如果超过4万元，就给予15%比例的提成。某月，该店员销售额达到4.5万元，超出的5000元按照15%比例提成为750元，则他当月的收入为4000+1000+750=5750元。

相反，如果该店员工作业绩不佳，只能完成基本目标，也就只能得到4000元的月薪。如果连基本目标都无法达成，则应该按照相应比例扣除其基本工资。

合理弹性化的绩效薪资原则能够更好地激发员工积极性，让希望在店铺里"岁月静好"的员工们难以待下去，也能让那些有梦想的员工，不会因为看不到希望而离去。利用对薪资的管理，店长可以奖励优秀者、淘汰落后者，让员工始终带着蓬勃的激情投身工作中。

04 合理的流动和晋升体系才能留住人

刘辉是一位努力工作的老员工，他工作兢兢业业，而且经常为了同事的工作出手帮忙，在店铺里人缘很好，业绩也不错。然而令他郁闷的是，自己始终没有得到晋升，甚至比自己来得迟的员工都得到提拔，他却始终停留原地。最近，刘辉听说店铺有一个中层岗位空缺，于是找到店长："店长，我在店里工作这么长时间，从来没有出现失误，也做了不少成绩。就算论资排辈，我觉得也应该有我的机会了吧？"

"老刘，我怎么会不愿意考虑你呢？多年来你踏实工作，乐于助人，也很有责任心。可是，你有时候脸皮太薄，太担心和年轻同事们的关系。尽管协助他们工作无可厚非，但是协助不等于代劳吧？你现在这么好说话，升职后又怎么带领他们？"店长说出了一番理由，自以为说服了老刘。

然而，刘辉并没有什么实际变化。半年后，他辞职而去，成为另一家店的店长。在新职位上，他很快改变了管理手段，取得了很好的业绩。

从这个案例来看，刘辉的店长实际上是在被动分配职位，他只是寻找并确定那些已经完全适合岗位的员工进行提拔。从理论上看，这样做并没有错，但在实际的店铺管理工作中，不可能总是存在那些已经能完全适应提升岗位的人才，必须通过店长的辅导、实际的锻炼，形成合理的流动和晋升体系，才能留住优秀员工。

案例中，刘辉工作兢兢业业，忠诚度较高，如果店长能够让其早日晋升，再利用新工作的环境、任务，对其进行引导和教育，必定能够成为店长的得力助手、店铺的优秀人才。然而，店长不仅没有做到这点，甚至没有让他看到流动和晋升的希望。

通过这一反面案例可知，店长作为团队的领导者，有必要做好员工流动和晋升体系的设计与应用。

1. 要为员工提供店铺内组织体系的信息

店长应该尽快让有一定能力和业绩的员工了解组织各方面的情况，以便让他们对流动和晋升的职业路线有所期待，并使得这种期待和组织的发展目标相协调。

其中具体内容如表 4-1 所示。

表 4-1　店铺内组织体系的具体内容

序号	项目	具体内容
1	店铺的发展战略和各阶段目标	在这些目标周围，店铺有哪些职位空缺、人员需求等
2	店铺文化信息	让员工了解本店的价值观、使命感、政策方向、行为模式等
3	店铺目前的岗位信息	可以采用组织机构图、岗位说明书、晋升、调动的政策路线、培训机会等 在传递给员工与流动和晋升有关的信息时，一定要介绍相关的激励政策。激励政策既包括经济利益，也要有精神与心理上的满足。例如，为了流动和晋升所准备的行政职务、高系数等是有限的，但可以设置一些荣誉、上升台阶、称呼头衔等

2. 工具使用

合理的流动和晋升体系中应该包括对员工进行观察、引导和辅导的工具与方法。无论是流动还是晋升，员工都会按照自我发展规划，不断从一个岗位转移到另一个岗位，也可能从较低层次上升到较高层次，直到实现个人职业生涯目标。为此，店长需要设计相应的跟踪、指导、观察、引导和辅导工具，将之纳入日常人事管理和评价体系中。员工需要在这些工具的指导下，不断接受新岗位和层次变化，不断提高自身素质，改善素质结构。

3. 形成文本

店铺的流动和晋升体系必须形成制度化文本。制度应简洁明了，尽量一目了然，这样就能将人员流动和晋升体系的路径固定下来，并使员工树立信心。员工就会认识到，只要在现有岗位上工作努力到一定程度，就可以获得流动或晋升，并为此而努力工作，奉献能量。

05 打造企业文化，让文化留住员工

店铺虽小，也是企业，其企业文化对员工有吸引力。很多情况下，店长虽然也想建设企业文化，将店铺打造为具有文化内涵的集体组织，但往往错过了文化变革和提升管理效果的好时机。实际上，很多店铺管理主体忽视了以细节去创设文化氛围的机会，导致只有口号和形式，缺乏用文化去感染和约束员工的能力，更谈不上留住员工。

C 市有一家百姓大药房，投资人贾总非常努力，从一家店开始，慢慢做到十几家店。但当店铺发展到这个数量后，贾总发现店铺文化的缺失导致员工流失率不断上升，而在职的中层管理者虽然熟悉业务流程，但其中少数也熟悉了如何"糊弄"。为此，贾总开始针对每个店铺打造文化氛围。

过去，新员工入职被分配到店铺后，几乎必然会陷入一段时间的"放养"阶段。新人由公司交给店长后，店长如果有时间会聊两句，如果没时间，就无人过问新员工。新员工到来后不清楚自己究竟能做什么，除了店长也没人管理和关注，很可能会迅速流失。

经过咨询专业导师之后，店铺的文化环境焕然一新，对员工入职的流程进行了梳理和调整，不同的店铺有了不同的欢迎风格。

在业务上，店长整理出员工入职当天、入职一周内需要学习和工作的具体事情，包括入职当天，和同事领导如何正式见面、开通公司邮箱、学习公司制度等；入职一周内，员工需要学习哪些业务知识、到哪里领取工作服和办公用品、何时开办工资卡等,都会有流程清单一一交代。这样做能够让新员工从进入店铺刚开始,就感受到店铺紧张、有序同时又人性化、有序的工作环境,他对店铺的第一印象就会是一个适合拼搏努力换取更好收入的工作单位,自然会影响到其未来的工作态度。

此外,有的店铺还为新员工打造了别具一格的欢迎仪式。例如,每位新员工入职当天,都要走"星光大道":店长与老店员在店门外列队夹道欢迎,店长致以欢迎词,将新员工正式介绍给全体员工,并由每位员工上前自我介绍,给予新员工充分的被尊重感和仪式感,体会到整个店铺对其珍惜和善意。

通过以此为代表的一系列企业文化内容的打造,该公司各个店铺的员工流失率迅速下降,从最高峰时的 30% 下降到 3%。

这个案例说明,店铺并非不能建设企业文化,关键要看店长作为领导者如何去看待文化建设,如何去选择操作工具。通常情况下,在店铺内建设企业文化,需要注意以下几个落地操作要领。

1. 仪式感

在店铺内与员工相关的工作、培训流程中,设置一定的仪式,确保他们能够以庄重、严肃、正式的态度去看待自身工作岗位,能在内心产生精神力量而珍惜这份工作。

通过仪式感,员工会感受到店长对文化建设活动的重视,会感受到这是真切而必要的参与过程,而并非走走过场、开开玩笑。此外,在仪式活动中,员工所传递出的个人参与态度,也能帮助店长发现潜在问题并提前进行解决。

2. 行动感

在店铺文化建设过程中,店长要尽可能多地组织员工参与其中。实际上,所有用来打造团队文化的工具,都需要员工充分参与和使用。只有在这样的集体行动中,员工才会不断强化意识、形成习惯,那些参与集体行动的体验,对他们的工作认知和态度会带去强有力的影响,并使得他们更愿意留下来共同建设店铺。

3. 故事感

员工们更容易记住故事而不是道理。因此,在店铺文化落地过程中,店长需要通过故事来植入倡导的理念。反之,如果只能向员工宣讲大道理,不仅无法打动员工,也会很快让店长自己感到厌烦,难以产生挽留员工的动力和激情。

06 打造店长魅力，以店长魅力留住员工

打造店长的能力和气场，是不是就等于"沉下脸"，做一个严肃的领导就可以了？如果店长以这样的想法去树立威信、留住员工，就会大错特错。即便店长的威严态度能够使得员工在初期因为权威感而"积极"执行工作，但当他们成熟起来，有了一定的业绩和能力，他们就会试图选择离开。

想要留住员工，店长必须要培养自己的人格魅力和素质修养。

赵女士到 ×× 市出差，忙完工作后第二天准备返程。可她的几个同事想要在市区逛逛，也算是不虚此行。逛着逛着，赵女士由于穿新鞋的原因，脚后跟被磨破了。同事们走进一家服装店，赵女士则坐在店铺的沙发上休息。

赵女士："不好意思，请问店里有创可贴吗？"

店长："您怎么了？是受伤了吗？"

赵女士："因为穿了新鞋，所以脚后跟破皮了。"

店长："那一定很疼，店里现在还没有创可贴，真是不好意思，您稍微坐一下，等我！"

说完，店长便将工作简单地向员工交代了下，然后急匆匆离开了。五分钟后，她回到店里，将三张创可贴递到了赵女士的手上："这是我刚才到隔壁借的，您的脚受伤了，正需要它。"

赵女士："真是太感谢了！"

店长："您先坐着，我来帮您贴！"

赵女士："这怎么好意思，我自己来就可以了。"

店长："没事，其实有一种贴法最保护脚，我们经常销售鞋子，比较清楚。"

赵女士："那就谢谢您了，真是不好意思。"

赵女士和她的同事被店长的热情服务所打动，纷纷发了朋友圈，将事情的经过展示出来，店员们看见店长为顾客服务的态度，也深受感动。这家店的业绩始终在当地名列前茅。

店长只用了几片创可贴，就同时向员工和顾客展现出自己的风度与魅力，深深地打动了他们。这种身教重于言传，正是店长留住优秀员工的力量根源。

在日常管理员工时，店长应注意通过以下途径来培养自身的魅力。

1. 关注细节

要想做到让顾客和员工都满意，就要比任何人都关注自己店铺的细节。正是店铺多方面细节的有效组合，才能影响顾客和员工的心态，决定他们是否愿意留下来。

例如，每次顾客进门时店长的微笑问候，为顾客提供个性化的服务，对员工哪怕是形象细节上一句真诚的赞美……这些简单的细节，只要店长能够持之以恒，就会让员工看在眼里、记在心上。他们不仅会被店长的这些细节表现所打动，也会从中受益匪浅并为之感动。

2. 对店员真诚关心

店长对店员的关心程度，和店长在员工眼中的魅力成正比。对店员真诚关心，主要应体现在以下两个方面。

（1）对店员应更为真诚。

一些店长对员工的关心和培养，仅仅停留在口头上，这很容易被员工看穿乃至误会，导致员工更想要离开。

无论是指导员工的具体工作，还是关心他们的职业发展，店长都应该真诚一点。只有发自内心地从员工角度去考虑他们的利益，才能赢得他们的欣赏、信任与支持。

（2）言行一致。

店长必须要在工作中做到言行一致。同时，店长在和员工进行工作交流时，无论遇到什么问题，也都要以对事不对人的态度来进行处理，语言、表情和语气、姿态要保持一致，尽量用带有微笑的表情。例如，在表扬店员的工作成绩时，不仅要有口头赞许，还要加上微笑甚至肢体表达（如竖大拇指）等，以便充分体现出店长态度的真诚。

3. 注重内涵

店长不能仅仅以外表的修饰作为员工的示范，还应注重提升自己的素质与内涵。为此，店长应在业余时间通过进修、学习、阅读，丰富业务内外的知识，提高自己的人文修养，在提升自我的同时散发出个人魅力，使得员工产生追随愿望。

07 营造良好的团队氛围，留住有能力的员工

店铺的全体员工是一个有机协作的工作团队。作为团队的核心人物，店长的使命不仅在于对公司或投资人制定的运营规则进行全面落实贯彻，创造优异销售业绩、提供良好顾客服务同时也在于能够通过领导和布置各个部门的日常工作，在其中深刻理解、把握和弘扬企业文化，最大限度地激发员工的积极性和创造性，营造让全体员工心情愉快的工作环境。

要想营造良好的团队气氛，可以从以下几个方面入手。

1. 正确的领导行为

店长必须牢记，自己的每一个行动都会对团队文化产生影响。员工通过观察店长的行为，学习企业价值观、信念和目标。如果店长不用行动去维护这些，那么他们就无法赢得员工的信任和尊重，也无法用团队气氛去激励员工。

2. 信息共享

当下属全面了解店铺的发展计划和努力方向时，工作热情才能被激发。因此，与员工分享关于店铺发展的远期和近期目标，积极提示员工有利于他们职业发展的方法等，都能作为店长的有效信息共享方式，为员工发挥能力而提供帮助。

3. 调动现场要素

店长要学会使用不同的销售现场要素，去调动员工对良好业绩的期待和信心。例如及时调整卖场音乐，及时调整橱窗、模特或者海报等展示手段等方法。也可以使用早会、午会或者搭档模拟演练等手段，确保店铺销售现场不会出现冷场，也不会影响员工的士气。

当员工找到最适合自身的现场要素之后，很可能在其特定的激发效应下，发挥超出平常的能力，并由此而感到店铺集体力量的可贵。

4. 发挥自身特色

每个店铺在选址、格局、集体面貌等方面都有自身特色，或商品丰富或价格低廉或经营专一或地理位置佳或人员服务良好等。店长在经营店铺时，要善于利用优势，最大化发挥店铺团队的特色，让每个员工在提高个人工作能力的过程中都拥有类似特色。这样，员工个人就会被打上店铺标签，进而产生更为强烈的归属感。

08 帮助员工排忧解难，拉近感情距离

在美国芝加哥的一家星巴克店中，曾经有一位名叫珍妮的员工。那时的她刚满36岁，已经是3个孩子的母亲。她的丈夫因为车祸不幸去世，生活的重担压在她一个人身上，可是她依然能保持乐观精神，兢兢业业地工作，将高质量的服务带给顾客。

有一年，与珍妮很久没有来往的哥哥和嫂子被捕入狱，留下的6个孩子无人看管。善良的珍妮出面收留了这几个无家可归的孩子，她的生活条件因此变得更加艰苦。

店长了解到她的困难，向区域经理汇报并逐级上报到公司。很快，整个团队都开始悄悄关注她，在她不知道的情况下举行了募捐活动，筹集了一笔资金，并请来脱口秀节目主持人奥普拉来采访整理，让更多人了解到她的辛苦。

在节目的影响下，有房产公司免费为她提供了一套带家具的新房子，而店铺和社会筹集到的资金，能够让孩子们无忧无虑地生活好几年。

在星巴克的许多店铺里，店长就是这样去帮助员工排忧解难，为他们创造惊喜、制造欢乐。而员工也因此能够持续为顾客创造惊喜和快乐。顾客受到这种活力的感染后，会继续光顾店铺，形成良性循环。

关心、帮助员工，拉近情感距离，一方面能够让店铺的每个员工有被公平对待、被关怀的感觉，使他们学会在工作和生活中享受快乐，缓解和消除部分压力。另一方面，也能够为员工们消除隔阂，消除由于信息不畅或工作矛盾造成的误解困惑，让店铺里的快乐气氛得以无限延续。

在这样的店长的带领下，店员们能够逐渐拥有超出个人利益得失的使命感，使

得团队更加稳定。

店长必须了解和熟悉团队的每个成员，时刻掌握其工作状态。有的员工对待工作积极主动，他们会主动汇报工作情况， 在遇到难题时也会向店长寻求帮助，这样的员工更容易得到店长的帮助，并能在恰当的时候获得提拔。与此相反，也会有一些员工，从来不会主动向店长进行谈话和汇报工作，想要激发他们更多的工作积极性，店长就要充分挖掘他们的才能与价值。

例如，身为店长，你每天花十分钟去帮助那些从未主动向你求助的员工，先帮助这样的员工树立自信，提供更多的信息，让他们产生改变的信心和期待，看到解决问题的希望。这样，他们就能积极行动、加快改变。

通过主动关心的姿态和行动，店长可以让员工知道，无论是工作还是生活，他们都是时刻被关注的。任何困难都可以通过店铺这个团队来解决。这样，他们就可以对领导和团队产生充分的信任。

在此基础上，店长应该学会细心观察，主动分析，在和员工共同工作的过程中，学会嘘寒问暖，了解他们的生活和工作近况，从中找到可能降低工作效率的隐患，并调动资源予以解决。这样，员工不仅会对店长个人产生感激之情，更会在解决问题的过程中，感受到团队的温暖而更愿意与团队成员相互支撑。

第 5 章

做团建：如何进行团队建设

美国的汤姆·彼得斯指出，员工其实是企业的"内部"顾客。要想让顾客得到真诚完美的服务，企业必须首先对内部员工提供真诚完美的服务——强大的团队支撑。因此，想要经营好店铺，首先需要进行团队建设，而这也是店铺管理中最关键、难度最大的工作内容。

01 增强团队凝聚力的六个方法

在充分认识到团队建设重要性的基础上，店长应努力寻找增强团队凝聚力的六个方法。

1. 奖励法

某店铺将员工分成三个轮班小组，根据各个小组的业绩进行排名，对第一名进行奖励。

类似的奖励管理方式能够激发团队成员的斗志，也能让他们感觉到集体的感召力量。具体的奖励方法包括销售提成、项目提成、月度奖金、季度奖金、年度奖金；也有优秀员工评选、优秀小组评选、外派培训学习、外派参观学习、组织外出旅游等。

2. 授权

有的店铺设置"值班店助"岗位，让不同的员工轮流协助店长工作，鼓励他们创造性解决问题。

这样，店长就能在团队中塑造出公平对等的沟通环境，鼓励员工就问题现状进行充分沟通并予以解决。

3. 共同讨论目标

每个月开始时，童店长都会和她的店员们讨论本月度的销售目标。在讨论过程中，她们会使用头脑风暴法、数字推演法等，引导成员将所有观点都讲出来，并在这些不同意见中找出共同之处，辨识出隐藏在争议背后的合理性建议，达成团队目标共享的局面。

与团队成员共同讨论目标，实际上是以目标的共同设立为起点，发动成员全部参与目标的制定过程，以此获得他们对目标的集体承诺。

4. 制度规范内的创新

要想让团队的凝聚力得以增强，就不能缺乏创新精神。没有创新精神的店铺，迟早会被市场淘汰。创新，是团队得以凝聚的源源不断动力。

詹店长不断创新奖惩制度，让业绩最差的员工跳抖音热门舞蹈，让迟到的员工请大家喝奶茶等。在不破坏团队气氛的情况下，使得团队成员明确制度要求，最大程度激发他们的热情。

除了奖惩创新之外，还可以根据市场变化创新产品经营、增加当下受欢迎的商品；不断变化销售模式和促销手段，确保店铺营销力和业绩；陈列创新，即根据销售阶段，变换商品陈列，保持店铺陈列的新鲜感，吸引团队成员注意；优惠创新，利用不同优惠活动加以灵活运用，提供团队更多的营销手段；重视售后，从微不足道的小事入手向顾客提供最真诚的服务，让团队能够因此而形成良好的集体氛围。

5. 提高执行力

一个团队的成功，更多依靠的是执行力。尤其在店铺管理上，一流的战略决策，如果只有三流的执行力，远不如三流的决策加上一流的执行力。如果团队执行到位，就会从内部产生充分的激励能量，让团队得以充分凝聚。

某店铺平时销售的业绩一般，但进行促销活动时，销量就会大幅提升，达到平时日均销量的几倍。与此同时，销售量越大，工作越多，员工干劲就越大，团队气氛就越好。该店店长发现这一现象后，于是每当团队来了新人，或者需要增强凝聚力时，就会组织促销活动，通过提高员工执行力来激励团队凝聚力。

除此之外，店长还应该让自己给团队的指令通俗化、流程简单化、标准明确化，让团队不要过多看过程，而是要看结果和效率。这样，团队才能依靠执行力提高来增强凝聚力。

6. 树立精神领袖

一家餐饮店的工作气氛原本不错，店长和领班之间关系和谐，互相配合。服务员之间配合默契。但在工作过程中，店长没能妥善处理主厨和领班之间的关系，导

致团队之间的矛盾逐渐扩大。最终，主厨带着一些配菜员、服务员选择辞职。该饭
店的菜品口味因此出现问题，生意也受到影响。

这一案例说明，要想保持团队凝聚力，不但要处理好员工之间的关系，维护和
谐的团队环境，更要重视在店铺员工中树立精神领袖，让一些比较有威信、有经验、
受员工爱戴的员工来影响和带动其他员工。这样，整个团队就能够在他们的带动下
服从店长的管理，形成强大的团队。

02 如何设置团队目标并完美实现

设置团队目标并完美实现，应该从以下几方面着手。

1. 对团队进行摸底了解

对团队进行摸底了解，就是为了向团队成员咨询对团队整体目标的意见。一方面，能够让团队成员就此参与进来，使他们认同团队目标就是自己的目标而非他人目标；另一方面，能够获取团队成员对目标的看法，了解团队成员在实现目标的过程中能够为店铺做出哪些别人无法做出的贡献。

同时，还可以进一步帮助他们了解自己在未来应重点关注什么事情、能够从店铺团队中得到什么、个人特长是否在团队目标达成过程中得到有效发挥等。通过这些，才能广泛获取成员的相关信息。

2. 对获取的信息进行深入加工

店长在对店铺团队进行摸底从而收集到相关信息以后，不要立刻向团队宣布目标，而是应围绕过程中收集到的各种信息进行思考。这样，整个店铺团队拥有了仔细思考分析信息的机会，从而避免匆忙决定目标而带来的不利影响。

3. 确定目标

在对团队进行摸底了解和深入讨论，以及对目标表述内容的修改过程中，员工已经树立起目标责任感。在此基础上，店长应尽可能保持求同存异的原则，确定让员工认可而能接受的目标，获得他们的正式承诺。

4. 分解目标

店铺团队运行过程中，难免会遇到对目标的各种认知障碍。例如，大环境或市场的变化，导致员工对团队缺乏信任；员工大范围更换，而对团队集体目标缺乏足够认识或信心等。因此，在确定团队目标后，应尽可能对之进行阶段性分解，树立工作过程中的里程碑。这样，团队每前进一步，就能给组织和成员带来惊喜，增强员工成就感，奠定坚实的认识和信心基础。

5. 督促检查

对目标的管理重点，在于督促检查。如果督促检查有所缺失，出现懈怠，就有可能破坏向目标的推进进程。店铺店长必须随时跟踪每个目标的进展情况，对其中暴露的问题应及时协调资源、加以处理，采取正确的补救措施，确保目标的实现。例如通过店长对员工业绩的日常检查，发现业绩增长较慢的员工或小组，对他们给予人员或顾客资源的支持，帮助其实现自身目标，借此推动整体目标的实现。

6. 控制成本

店铺的目标大多集中在业绩上，而团队在实现目标过程中，容易轻视成本的管理。尤其是在遇到困难，有可能影响目标实现时，某些店铺的店员经常采取一些"应急"手法，导致实现目标的成本上升。作为店长，既要注重目标的实现，又要对成本进行严格控制，确保成本始终在合理的范围内。

7. 到位的考核评估

店铺内任何目标的达成，都必须有严格的考评。只有根据目标完成情况进行全面评估，对团队内成员进行科学奖惩，达到表彰先进、鞭策落后效果，才能确保店铺团队前进的大方向始终是正确的。为此，考核评估不能只是围绕完成业绩的数字，还应综合业绩变化幅度、人员水平能力变化等进行综合评价，这样才能使得店铺团队的工作保持正确的大方向，避免出现顾此失彼的错误。

03 如何批评店员才有效

尹店长是一家酒店的主管。2018年，酒店招聘了一位刚毕业的女大学生小胡做文员，但小胡对文件中的一些细节如数字、标点注意不够，经常出错。于是尹店长决定给予委婉的批评。

一天，小胡穿了职业套装来上班，尹店长看见后，笑着说："小胡，你今天穿的衣服很漂亮，很符合我们酒店的档次，也显示了你的气质！"

小胡开心地说："尹姐，你夸得我都不好意思了。"

尹店长继续说："尤其是衣服上的纽扣，点缀得很有特点。其实，文件上的数字、标点，也和纽扣一样，注意到它们的运用细节，文件才能正确、有效而条理清楚。相信你以后也会注意这方面问题的。"

这次批评之后，小胡明显改变了不少，做事也变得成熟起来。

在日常工作中，店长如果对店员的批评态度过于正式严肃，很容易让店员产生挫败感，也使得他们丢失对集体的依赖感。如果这样的批评后并没有产生应有的鞭策效果，店长的威信也会因此而下降。

在了解店员的缺点或错误后，店长首先应调查清楚责任归属，而不要立即给予批评，避免"误伤"员工。批评过程中，应该做到"对事不对人"，可以听取对方的解释并同意其中合理的部分，这样也能帮助店长更加清楚地了解事情真相，做出更有利于整个团队的决定。在批评结束后，店长还不应忘记告诉店员如何去改正错误，确保他们能够心服口服。

具体而言，想要让员工将批评化为动力，店长应该注意以下几点。

1. 批评的态度

店长要用诚恳的态度去批评店员，应循循善诱，而不是一味强硬，更不能被情绪所左右导致双方关系的对立。

2. 批评的方法

批评应该因人而异，讲究方法。对自尊心较强的员工，应该适度表扬后再进行批评；对比较敏感的员工，可以采用暗示、对比的方式，使其意识到自己的错误；对责任心较强的员工，则可以强调其错误做法对结果的影响等，随后再找出其工作中的具体漏洞，恰当加以批评。

3. 批评的程度

对店员的普通错误，应给予适当批评而不要过于夸张。对那些已经认识到错误的店员要适当宽大，给予改过机会。总之，批评应该是建设性的，要能够起到鼓励的作用。

4. 批评的时机

对店员的批评不能拖延，尽量在每日或每周的会议上，或者利用私下沟通的方式，及时指出店员的错误。这样才能给店员以警醒，使得他们能够及时认识到自身的错误，避免过度拖延批评而让他们忽视问题的严重性。

5. 批评的角度

批评店员的角度应客观，要重在实事求是，明确指出错误的本质，提醒改正方法。尤其是批评某一个执行过程或者方法的错误时，要针对问题本身，而不要牵扯到店员在其他方面的表现或者他们的整体工作业绩。同时，还应向对方指出用何种方式来取代错误做法，才能达成预期目标。

04 如何表扬店员才有效

拿破仑·希尔曾说："人类本性最深的需要，是渴望他人的欣赏，所以我们要多夸奖他人。"在日常工作中，店长对店员的表扬与批评同样重要，只有恰如其分地将两者的作用结合起来予以发挥，才能拥有具有强大执行力的团队。

种种研究证明，团队成员在受到来自团队领导的赞扬激励之后，会表现得更好。然而，对店员的表扬并不只是说上几句夸奖的话语。想要让表扬带来强大的团队执行力，就要注意表扬的策略和方式。

主要的表扬策略包括以下几种。

1. 当众表扬

当众表扬是比较常见而最快见效的表扬形式。由于是在整个团队的面前表扬某个店员，店长应该对被表扬者的优点和成绩做出明确说明、表述与评价，从而产生更大范围的激励效果。因为这已经不是对某个员工的肯定和表扬，而是对整个团队的教育和号召。

当众表扬包括以下形式：在店铺会议上进行表扬；作为工作总结内容的一部分，在进行工作总结时进行表扬；专门召开表彰会议进行表扬。

2. 间接表扬

如果不希望直接当众表扬某个员工，店长可以采取间接表扬方式，着重表达自己对某一类人或者事情的赞美，同样能够收到不错的效果。例如，"对客热情的员工""提高效率的准备"等，都可以用来作为表扬的对象。

无论采用怎样的赞美之词，都不会显得过于"偏心"，而那些符合表扬条件的员工，也会在内心感受到店长的欣赏之情。

3. 个别表扬

店长在和员工沟通交流时，可以当面对其业绩加以称赞，起到一定的鼓励作用。这是因为在员工看来，领导对其表现既然愿意进行面对面赞美，就确实是花费时间和精力了解过自己的工作，说明自己的努力并没有白费，他们会因此保持乃至发挥更大的积极性。

当然，在个别表扬时，店长也应该区分情况来加以对待。对有经验、年纪较大的员工，语气上应带有敬重的意味；对年轻人，在语气上可以带有夸奖的意味；对比较敏锐的员工，只要稍微两句夸奖即可；对谨慎而容易怀疑的员工，店长则应该将表扬内容说清楚，避免产生误解。

第 2 篇

运营做得好，顾客少不了：

如何运营店铺

零售市场的竞争，正逐步呈现为系统化的竞争。店铺单凭品种、价格、服务、附加价值等某个方面的优势，已经无法确保立于不败之地。作为店铺营销的设计师和指挥官，店长必须学会在市场的同质化环境中更好地运营店铺，通过对运营方案的构思、设计、执行，让顾客源源不断。

第6章

如何打造完美的店铺形象和品牌

店铺的整体形象包括诸多内容，如店铺地段、招牌门脸、商品陈列、环境布置等。这些形象共同构成了店铺品牌影响力和号召力的重要部分，很大程度上影响店铺的业绩高低。为此，店长应努力打造完美的店铺形象，塑造富有魅力的店铺品牌。

01 店铺选址技巧

一家连锁蛋糕企业最初的店铺开设于 2001 年，位于一个小镇上。由于产品质量好，生意非常火爆。到 2015 年，店长在县城中心开了第二家店。当他扩张到第三家店时，选址在市区的地下超市，超市经理信誓旦旦地保证说，每天会有 5000 人进店，能够确保蛋糕店的销量。

店长相信了超市经理的承诺，投资数十万元开了这家店铺，但半年之后，由于客流量根本达不到 5000 人，这家店铺只能关闭。

店铺选址的错误，会导致后期出现根本无法解决的问题，使投资付诸东流。实际上，衡量店铺位置选择优劣的最重要标准，在于店铺经营之后，确定的经济效益有多少。

店长可以学习并应用下面的选址流程。

1. 选择区域和方位

选择店址，首先应明确目标市场、找准服务对象。随后，再根据目标市场、服务对象来选择店址设置的区域。其次，也要根据企业的经营规模与档次，对店铺的投资回收率进行测算。在此基础上，认真进行选择、衡量并确定方位。

衡量投资回收率，需要预测店铺的销售业绩，并将之与投资进行对比。店铺销售业绩计算公式如下：

$$业绩 = 流量 \times 转化率 \times 客单价 \times 连接系数$$

流量，即该店铺路口经过的潜在顾客人群，即店铺本身每天能够被多少人所看见。转化率，即经过店铺门口的潜在顾客中有多少人能够进入店铺。

客单价，即进入店铺的顾客，平均能够成交的价格。连接系数，包括复购率和传播率。这一系数实际上和产品、服务的关系更大。

只有经过实地考察，对产品、服务有一定程度的了解，店长才能计算出店铺开张后实际的业绩，并据此计算出回报率的大概范围。

2. 市场调查

在大致确定店址的基本区域方位后，店长应该进行周密的市场调查，对选择的决策是否正确进行论证。在市场调查过程中，应注意对调查对象进行分类统计，确保调查资料的可信和科学。

3. 制图并确定最佳位置

进行市场调研后，应绘制出该区域简图，标出该地区现有商业网点。其中包括竞争对手和互补行业，以及现有商业结构、客流集中地段、客流量和客流走向、交通路线等，保证店址选择正确。

4. 具体实施方案的制定和落实

确定店铺具体位置后，需要抓紧时间进行落实，拟定切实可行的实施方案并设计出建设时间推进表。

当然，在店铺实际选址过程中，店长可能无法完全按照上述专业步骤进行操作。此时，可以采用低成本的选址方法，如表 6-1 所示。

表 6-1　低成本选址方法

序号	方法	具体措施
1	跟随选址	即跟随你的同业态竞争者，在其店址附近的一定区域内选址	①进入某区域前，先对该区域内同行竞争者进行调查，从中选择那些在规模、实力等方面与你相近而成功的榜样并跟随 ②以跟随对象的店址为中心，向四周进行扩散式选择 ③扩散区域应控制好，如在一条街内，而不应无限制地扩大或缩小 ④跟随选址时，还应注意对市场容量进行考察，避免市场容量饱和而难以获得有效的客源数量
2	互补选址	服务内容互补，相互支持	重在为店铺选择那些能够与其在经营、服务内容上互补的环境，以便充分互补，为顾客带来更完整的服务价值体验
3	中介选址	房产中介通常都掌握着丰富的房产信息资源，但鉴于其良莠不齐，店长要懂得善于借助其资源，并谨慎辨别，避免受骗	①店长应在当地查找并确定主要提供商铺服务的中介机构，对其实力与资质、信誉进行核实，从中筛选出可以合作的中介 ②与选定的中介洽谈，告知其详细选址要求，并安排专人同中介沟通，跟踪选址信息和进度。最后，当中介推荐店址之后，应由店长本人评估和确定

02 店铺招牌及门脸形象运营

1、店铺招牌设计

店铺招牌的功能，主要在于突出店铺名称，有助于消费者识别和记忆。因此其在设计上应具有一定特色，在和周边环境相适应的同时，还应能展现功能与特性。

下面的招牌设计技巧值得运用。

（1）**内容准确。**

招牌不仅要追求艺术上的美感，也要确保内容上的准确。招牌主要包括店名和店标，应注意和其他店的区别，避免重复、雷同和引起歧义。

（2）**色彩搭配合理。**

招牌的用色应协调醒目。一般而言，可以选择红、黄、绿三色中的一种作为基础色调。这是因为这三种颜色穿透力最强，能够从很远的地方就看见。

当然，在色彩醒目的同时，也不应忽视人们的视觉喜好和与周边环境的融合。

（3）**材质精当。**

招牌材料的选择，应既要考虑耐久性、耐污性，也要考虑材质本身的质感。招牌上的文字、图形可以用铜质、瓷质、塑料等来制作，招牌底基可以选用的材料包括木材、金属、水泥、瓷砖、大理石等。

（4）**正确安置。**

招牌经过精心设计和制作后，还应正确安置，才能产生预期效果。店铺招牌可选择的位置形式包括横向设立型，即在店铺顶部横向设立长方形招牌；广告塔型，即在店铺顶部设立柱型招牌；壁面型，即在店铺外墙一侧，设立长条形招牌；突出型，在店铺外安装不依附于墙体的独立招牌。店铺应该根据自身的实际情况和当地市容管理部门的政策要求，选择具体安置方法。

另外，招牌的安放还应注意顾客观看时的视点和视角。通常来说，眼睛距离地面垂直距离为 1.5 米，以该视点为中心，上下 25°~30° 为招牌设置的最佳观看位置。

（5）照明条件。

招牌可以通过两种方式进行照明：可以用投光灯投射招牌和店标，也可以利用灯光来映照招牌。通常建议采用高亮度光纤作为招牌背景，并以实体字对光线进行遮挡，从而清晰展示店名。尤其在黑漆漆的夜里，这种店铺招牌更为明亮醒目，可增强店铺识别度。

此外，在招牌周围，还能通过霓虹灯装饰来活跃气氛、增强美感，并取得较好的照明效果。

除此之外，店长还可以考虑使用灯箱招牌，将招牌和灯光照明融为一体。灯箱招牌即以灯箱直接作为招牌使用，根据其具体形式，可以分为平面和立体两种。相对而言，立体招牌的展示效果要比平面招牌更好，但其设计较为复杂，灯光效果相比平面招牌难以调控。

灯箱招牌的材质主要包括亚克力板、PC 板和 PVC 灯箱布三种。使用不同材料，会带给顾客不同的视觉冲击。其中，亚克力板因其能够展现出丰富的色彩而成为主流的灯箱招牌设计选择。

在使用灯箱招牌时，应注意保持其应有的亮度，这样才能让顾客容易识别和辨认，从周围的环境中有效凸显品牌。不过，作为一种光源，灯箱招牌也不能太亮，以免和周围环境格格不入。

2、店铺门脸形象运营

除了招牌之外，店铺的门脸也承担了重要的品牌宣传作用。尤其对于繁华地段的店铺，由于缺乏充分的空间来表现外观，因此更要在门脸设计上凸显店铺特色，利用图像、色彩和造型，面向顾客群制造具有吸引力的门脸。

（1）店门设计。

一般而言，较大的店铺应将大门安置在中央；小型店铺的进出位置应设计在左侧或右侧，这样看起来更加协调。店门应确保明快、通畅，应当是开放性的，避免让顾客产生封闭、阴暗的观感。此外，店门设计还应考虑门前路面是否平整，前方是否有阻挡或影响店门整体形象的物体，如电线杆、树木、城市公共垃圾设备等，还要考虑到采光条件、噪音影响和太阳光照射方位等。

（2）门脸装饰。

精美的门脸装饰，是吸引顾客的重要手段。门脸装饰是店铺设计的主要内容，包括霓虹灯、灯箱、招贴画、传单、橱窗布置等。

在进行门脸装饰的设计时，必须考虑自身行业特点，从外观和风格上迎合特定消费者群体的审美风格，符合他们的选择口味。同时，对门脸的装饰还要考虑与原有建筑风格和周围店面的协调，如果个性过于鲜明，有可能让潜在顾客觉得太过夸张而失去兴趣。

03 店铺内环境布置与运营技巧

店铺环境的布置与运营，包括店面设计与装潢、店堂设计与装潢、营业现场布置、商品陈列、店堂海报广告等。通过有效运用相关的技巧，可以利用环境布置来营造出具备独特个性的店铺气氛。

在美国，TCBY 有限公司是第一家专业经营冻酸奶连锁店的企业。从 1981 年开业到 1987 年，连锁店数量上升到 500 多家，其经营秘诀就在于注重店铺内环境的布置。

当时，美国所有的冻酸奶商店几乎无一例外都设立在大学园区。其商店装备设施、桌椅台凳都显得不拘小节，刻意使用怀旧的二手货。店堂内，灯光昏暗，墙上贴着不加镜框的招贴画，迎合学生们无拘无束的审美理念。

相比之下，TCBY 店铺利用绿色和灰黄色进行搭配，这两种颜色象征着天然和健康。店铺使用原木纹理的桌子、鲜花构成的中心装饰、柳条编制的椅子、半空悬吊的花木进一步强化，使店铺看起来整洁高雅。同时，店铺的店址主要设置在顾客来去方便、商店林立的大道上，而并非其他冻酸奶店喜欢选择的高校园区。其产品也增加到 20 多种，从传统的香草、巧克力和草莓风味，到新创的猕猴桃、西瓜和乌饭果风味的，应有尽有。由于环境更加接近成年人消费者的审美观念，TCBY 的店铺顾客盈门。

从这一成功案例可知，店长有必要设计和创造良好的店铺环境。他们应为此综合考虑店铺的规模、形状、建筑风格、结构、装饰材料、色调搭配、照明、营业现场布置、商品陈列等。虽然不同的店铺所设计的方法和重点不同，但目的却是一样的：

制造具有个性的商店气氛，确保顾客在心境和情绪上，能够与产品或服务产生共鸣，达成促销目的。

为此，店长要提前做好下列工作。

1. 设计布局平面图

在店铺选址时，每个店长都会评估店铺的建筑结构是否符合要求，但实际运营中很难找到十全十美的场地。一旦平面布局不恰当，就会导致店铺可利用的实际空间变小。

因此，店长应设计好顾客的动线，即当顾客进入店铺后，会经过什么线路来完成购物或参观的过程。只有遵从并利用顾客的动线来设计店铺布局，才能确保店铺和顾客在交易过程中的双赢。同时，店铺布局还应充分考虑不同功能区的设置，如前台、仓库、收银台等。让功能区合理设置，才能使作业流程更加顺畅便捷。

2. 设计空间

店铺的环境设计还应具备空间感。所谓空间感，是指室内的色彩、灯光、空间造型、配置及装修材料等综合因素，都应进行合理的设计和调整，确保人身处其中能够产生舒适的心理感受。

例如，冷色调可以让顾客感到宁静、平和，暖色调则能够给人以温馨、甜蜜感，自然光和人工光源的交相辉映则能够增加动感。

又如，方形或长方形的空间能够给顾客以平衡的安全感，三角形和平行四边形显得别致新颖，扇形让人感觉有充分的导向性。

利用色彩和空间的搭配，能够构成店内气氛营造的基础。

3. 陈列设计

店铺展示商品的原则是要给顾客提供足够的充裕感。这是因为如果商品展示量不足，很容易让店铺显得缺少魅力，客观上给人提供的选择空间也不够，导致顾客入店率降低。

此外，如果总是将同一种商品摆在同一个位置，或者放置得死板、杂乱而不整齐，都会给顾客带来观感上的不良影响。

在陈列商品时，应该讲究高度、亮度、集中度等视觉效果，还应考虑到顾客购物的习惯特点、生活特点等。利用独特的路线与空间设计，体现出商品的充裕和丰富，激发顾客的兴趣。

04 店铺品牌定位与运营策略

杰克·特劳特在经典著作《定位》中指出，定位，需要让品牌在消费者心目中占据最有利的位置，使其成为某个类别或特性的代表品牌。当店铺拥有了自身的品牌定位后，顾客一旦产生相关需求，就会将该店铺作为首选。

不妨看看一家壁纸店铺是如何进行品牌定位与运营的。

某店铺为了在顾客心智中占领"高质量壁纸"的品牌定位，通过店面体验和服务，对这一理念加以传达。例如，店铺门头设计装潢强调质感、室内样板设计突出成熟、稳重、奢华，在店面陈列代表性的品牌产品、不同价格和风格的品牌产品等。通过店面装修和产品展示，提高顾客的品牌消费意识，给他们在所有类似店铺中最专业的体验。

在服务礼仪上，该店铺要求员工服装统一，仪容仪表符合标准，每个员工都要对自己做出准确定位，如"软装搭配师""软装咨询顾问"等。针对不同顾客的理念，提供相应的服务，尽可能增加顾客的留店时间。在上述基础上，采用标准化的店铺接待用语如"您好，欢迎光临××壁纸连锁店，我是您的软装顾问××，很高兴为您服务"。在其他介绍用语中，都不断强调"××壁纸""专业顾问"等词语，加深顾客的印象。

此外，该店铺还没有专门的 VR 体验区。店长要求店员收集当地知名的户型图样板，共有十余个，设计搭配不同的风格，并生成二维码。针对顾客选择的壁纸产品，能够做到一键更换张贴，并通过 VR 设备现场观看。通过这样的特殊体验，顾客产生了强烈的代入感，也对 ×× 壁纸的品牌形成了深刻印象。

此外，在特殊装饰方面，该店铺使用了由荣誉证书和环保证书组成的荣誉墙。通过对顾客的直接视觉刺激，加深对品牌的良好印象。

任何一家店铺，即便总部品牌有着强大的优势，也需要将自身工作做细做实，围绕顾客的实际需要，建立自身的优秀品牌形象，形成良好口碑效应。这需要店铺平衡好商圈、社区、顾客、竞争对手等维度，做到和谐共赢，才能准确定位。

1. 深耕商圈

店长应组织进行商圈调查，有效掌握商圈内顾客分布、购物习惯、购买频率、购买单价等信息，展开有针对性的营销活动。例如，根据当地顾客特征，发放海报传递优惠信息，确保拉动顾客到店。

2. 扎根社区

一家文化用品店铺通过和当地社区居委会联谊，在社区内开展扶贫帮困、文化互动等活动，受到了广大社区居民的赞扬，在社区内树立起兼具社会责任感与美誉度的企业品牌形象。此后，街道和居委会也主动帮助店长在商圈内开展宣传，辅助派发海报，反馈顾客意见，并发动社区居民来店铺购物消费。

店铺的经营离不开社区形象。无论是餐饮、服务还是零售、批发，店长都应该在其权限范围内，高度配合政府、社区、物业等管理部门的工作，尽可能成为其在同行业内树立的标杆。这样，不但会得到人力、政策等方面的支持，还能获得在主流媒体和商圈、居民区正面宣传的机会。

3. 努力服务

只有通过服务来提升在顾客心目中的价值，顾客才能持续光顾，店铺才能建立起优秀品牌形象。但是，再优秀的店长，也很难在所有顾客的消费要素上都做到最好，这是因为店铺的资源与精力是有限的。例如店铺地址、商圈人气等，类似因素往往并不是店长个人能控制的。

因此，店长应努力从促销活动、会员优惠、干净而舒适的店面环境、存货管理、商品陈列、高质量的收银和停车、员工提供的良好服务等方面来开展工作。当然，这也需要店长能够有所聚焦和取舍，打造自身的服务特色，形成独特的品牌形象。

4. 赶超竞争对手

在同一个商圈内，经常会出现同一行业销售店铺争夺有限顾客资源的现象。只有在顾客心目中建立起良好的品牌形象，才能争取更多的顾客。店长需要和竞争对手做全面对比，保持店铺的优势，对劣势进行弥补，分析机会点和突破点。为此，店长必须要对重点加以聚焦，走差异化经营的道路，在顾客心目中形成独特的品牌定位。

05 店铺品牌危机解决技巧

店铺品牌危机，是指店铺内突然发生、造成或者可能造成店铺品牌形象受损的紧急事件。在实际经营中，最常见的品牌危机主要为顾客投诉、退换货或刁难索赔等。

某家用电器店铺的负责人李店长，下午一上班，就看到有位顾客在和店员争辩。他立刻走过去了解情况。原来，这位顾客昨天在店里买了一套音响，回到家里他就将音响与功放连接，结果发现两者无法匹配，因此跑到店里想要退货。

看到顾客神色激动，李店长先是承担了责任："不好意思，我是店里的负责人，有什么是我们做得不好的，都怪我。"

听到店长这样说，顾客反而有些不好意思，语气缓和了不少，又抱怨了一通。

李店长耐心地听对方讲完，等到顾客情绪稳定时，才建议他可以考虑换一套连接线试试。如果的确不行，再考虑换货。经过沟通，顾客买回去了一套连接线，第二天，他高兴地打来电话表示，音响和功放已经成功连接，自己不需要投诉了。

在熟练掌握和运用品牌危机解决技巧之前，店长必须要以正确的心态来看待品牌危机。正如两千多年前的先哲老子所云"祸兮福之所倚，福兮祸之所伏"，意味着福祸相互依存、相互转化。店铺在市场经营中，遇到危机并不一定是坏事，处理好其中"危"的局面，就能带来良好的"机"遇。

在实践中，引发品牌危机最多的是顾客异议。这是因为顾客想要的是最好的性价比，肯定会对商品挑拣并寻找不足，而身处第一线的店长，如何带领员工去处理异议，不但决定着商品是否能够销售出去，也会对所在店铺或总部品牌造成影响。

如能成功处理顾客的异议，就能够坚定顾客购买商品的决定，加深顾客对企业或品牌的良好印象；如果不能恰当处理顾客提出的问题，不仅会导致眼下的业务丢失，还会引发顾客对店铺品牌产生强烈不信任感，并传播不良口碑。此后，店铺想要扭转顾客所产生的不信任感乃至重塑品牌，就需要花费更多的时间、精力和金钱。

当店铺遇到品牌危机时，店长应该如何进行应对？

1. 立即成立品牌危机处理小组

当店铺遭遇品牌危机时，应立即成立品牌危机小组，收集顾客意见，了解具体情况。随后，对危机影响做出评估，制订对应计划，控制事态的发展。

品牌危机处理小组应包括以下人员：店长、销售人员、客服人员等。品牌危机处理小组应保持独立的发言权，能够组织对外信息的传播工作并及时向相关利益人通报信息。

2. 主动承担责任，赢得消费者的谅解与信任

既然店铺中出现了威胁到品牌形象的问题，店长就不能掩耳盗铃地推卸责任，而是主动承担责任，表露自己的真诚态度。店长应该敢于面对自身失误，向员工分析原因，向顾客解释问题产生的原因，寻找差距并及时改进。

3. 真诚对待顾客

顾客的忠诚度决定着店铺品牌的美誉度。在品牌危机的处理中，面向顾客的危机沟通应该是第一位的。

店长首先应该认真了解顾客实际面临的情况，倾听顾客的意见，主动向顾客表达歉意。其次，应该确定关于危机责任方面的承诺内容和方式，制定损害的赔偿方案。最后，要向顾客提供有效的后续服务，才能在社会公众心目中树立起负责的企业形象，有助于获得公众谅解，从而解决品牌危机。

4. 及时通报

在店铺品牌运营中，店长必须充分认识到新闻媒体和顾客口碑的重要性。他们对店铺的评判，经常会左右商圈或社区的舆论。这些舆论又会影响到企业的声誉和品牌形象。因此，当店铺发生品牌危机时，店长必须要利用一切渠道，如微信群、朋友圈、店堂海报、接受采访等方式，向周围的人或公众提供真实准确的信息，公开店铺的立场和态度，从而避免由于误会而导致品牌形象及利益受损。

第 7 章

店铺品项运营：懂得搭配，流量自有

店铺生意最根本的目标，在于为顾客提供合适的商品——无论是对顾客自身特点的关注，还是对店铺环境的打造，都是为了实现这一目标而服务的。懂得搭配店铺产品，就能拥有取之不尽、用之不竭的顾客流量，让店铺不断成长。因此，店铺运营是否成功，本质上取决于品项运营的水平。

01 如何运营爆品

2017 年，某个零售卖场提前预热，通过一款爆品电视，引爆了整个春节期间的促销活动。该店铺店长运用了以下的步骤。

1. 选择爆品

在促销活动开始之前，店长在众多有爆款潜质的品类中，选择了一款电视作为爆品。其理由是：

首先，春节临近，传统的生活和消费习惯使人们对大家电更新换代有着集中需求，尤其是冰箱、洗衣机和电视等单价更高的产品。其次，该产品是品牌供应商力推的单品，有很大的支持力度。再次，该产品具有代表性，能够引领新一代智能电视产品，其高性价比可以同时带动其他智能单品销售。最后，该产品符合店铺整体定位和产品销售计划。正是这些因素，促使店长选择了该产品。

2. 制定任务

经过思考和讨论，店长将爆品任务划分为整体任务和个别任务两种。

整体任务的制定，参考去年同期数据和近三个月细分类的销售台数。在此基础上制定出整个店铺的销售任务，随后细分到每个营销人员名下。该店总共有 18 个销售员，根据平均原则进行了任务划分之后，对于敢挑战员工，制定特殊奖励政策——第一时间完成任务的销售员，除了应有的奖励提成外，店长会额外再奖励 3000 元。

3. 定价

定价是爆款产品的标配，店长首先和电商渠道自营产品最低价进行比价，包括天猫、京东和苏宁易购，并以此明确了最低价，确保顾客能够在店铺自行比价。其次，店长积极组织调研竞争对手，主要包括本区域和周边地区的其他家电零售店铺，确保价格制定能够保障竞争优势，也不违背厂家的价格管控。

4. 培训

通过工厂讲师、店铺内训和产品演示，完成了爆品销售人员的培训。工厂讲师侧重讲解该产品的主要功能、卖点，以及与其他本品牌产品的横向比较，阐述了本款产品作为爆品所具有的特殊性质。店铺内训则采取了开放形式，在内部再次寻找并提炼卖点，同时进行评选活动，由所有人共同讨论并评选出三句最优秀的销售用语在团队内部进行推广。

店铺内训和工厂讲解有所不同，其卖点的提炼实际上是将爆品融入地方、商圈、社区的个性化消费需求之中。与工厂通用话术相比，高质量的内训，能够让具体营销手段更符合对卖点的提炼，产生更好的效果。

除了话术训练外，店铺内训中还应包含产品演示部分，包括训练导购员演示品牌出口海外的资质证明、照片、电视低音炮配备、各项节能和荣誉认证证书等。

5. 跟进与检查

整个爆品促销活动开始后，店长持续跟进和检查，积极发现活动中的亮点，并迅速通过店铺内部群进行扩散传播，以此激发和调动团队积极性。同时，店长也检查出活动中的疏漏和瑕疵，及时加以指导纠正，确保活动效果。

经过上述步骤，该店铺的爆品促销活动获得很大成功，带动了其他品类家店的销售。

在店铺运营爆品过程中，对爆品的选择尤为重要，为此，店长应注重吸收和运用下面这些成功经验：

1. 统计数据

店长应及时统计店铺的后台销售数据，尤其统计相对关注度高、询问率高、销量高的商品。这些数据能够真实客观体现出顾客对商品的反馈程度，也能提示爆品的品类选择目标。

此外，店长也应该通过互联网搜索行业相关趋势，了解市场行情，对新品种、销售趋势、价格变化、顾客购买力状况等数据加以了解，做到心中有数。

2. 高认知度

爆品需要顾客有足够的高认知度，他们已经熟悉产品，而不需要店铺再花费大量时间和金钱去进行产品宣传，只需要将产品和服务的质量打造到极致，结合一定的营销，就很容易引爆人们的消费欲望。

3. 差异化

差异化的爆品才更容易被人们记住。差异化包括产品品类的差异化，也包括质量功能的差异化等。

02 如何选择利润品

在店铺运营中，除了爆款产品之外，最常见的产品大致分为四类：利润款产品、促销款产品、形象款产品和平销款产品。

其中，利润品是店铺盈利的重点，可谓"造血机"。利润品不轻易进行价格调整，也不能被"喧宾夺主"，而应当是店铺的主要销售款式。当然，利润品来自于平销款产品，并有可能发展为形象款产品。

利润款产品需要有以下几个特点。

1. 要有充分利润空间

产品利润应该较高，但价格也合理，符合市场均价。相反，如果为了创造利润空间，使售价明显高于市场均价，就不能称为利润品。

2. 特色突出

利润品在功能、款式、材质等方面，至少有一方面明显高于其他同行的同类产品，只有这样，才能为利润品的营销提供卖点基础。

3. 供货稳定

利润品的供应必须稳定，不能出现断货，否则，即便利润品能创造利润，一旦由于供应出现问题造成断货，也会导致店铺无法及时"造血"。

4. 利润品的款式和功能必须是时下最流行或者即将开始流行的

这是因为过气的产品无法获得消费者的青睐，而过于超前的产品又无法说服消费者。因此，店长不妨观察竞争对手，实地了解他们是如何设计和安排利润品的，甚至可以适当晚几天上架利润品。尤其对于实力偏弱的店铺而言，就更应通过这种方法，站在距离竞争对手身后不远的地方，预判利润产品所能起到的作用。

此外，利润品的定价也不应该是同类产品中最高或者最低的，否则都会影响利润情况。其定价的常见步骤为：

首先，找出电商平台上与利润款最为接近的产品，销售量应达到一定标准，产品数量为 50~100 个，对其价格进行统计。

其次，采用"（最高价－最低价）×0.618+最低价"这一黄金定价法，作为店铺同类利润品的定价。这一定价来自于市场上合理的低价格，同时也符合消费者心理预期，能够有效避免定价方面失误给店铺带来的损失。

03 如何根据价格采购

让店铺赚钱的关键问题，在于店长如何选择正确的产品，并能以较低价格、充足的货源和吸引人的促销活动，将之展现在顾客面前。在开店之前有关产品价格信息的收集、经营中的采购活动，就显得十分重要。

1. 产品价格信息的收集

收集产品的价格信息，有利于确立店铺开业之后的正确采购方向。其具体步骤如下。

（1）了解竞争对手。

除了同类型的店铺之外，还包括目标顾客最常去购物的地方。例如有一家生鲜产品店铺在开业之前，店长就要求对附近的农贸市场、超市进行了解。

（2）记录对手价格。

前期市场调查越是彻底，越是细致，日后产品的定价就越是科学、合理。为此，店长应该按照商品群，将竞争对手所销售的产品品牌、商品特征、规格包装、实际价格、促销情况等记录下来并整理成为表格。

（3）建立商品结构。

根据市场调查的结果，制定商品结构表（如果是加盟的连锁便利店，通常会由总部加以指导），并参考以上所整理的市场对手情况表格。在此过程中，应该选择竞争对手排面较大（通常意味着销量较大）的商品，作为预定进货的商品，并作为日后商品采购的依据。

（4）组织货源。

店长可以按照工商名录、电话号码簿、商品包装电话、朋友信息、其他供应商所提供的信息等，寻找相关供应商资料，并进行积极联系。同时，避免通过信用不佳或渠道不正规的供应商进货导致商品质量无法保障、价格也没有优势的情况出现。

（5）甄别供应商。

同一种商品，有可能会有多家供应商进入店长的挑选范围。如果权限允许，店长可以分别约见这些供应商，找出其中最具备潜力、价格最合理的供应商进行合作。为此，可以设计"供应商基本资料表""供应商简介""供应商报价单"等。

2. 经营中的采购

基于价格进行的采购，并不可能一蹴而就，往往会"好事多磨"，经过几个回合的采购谈判，才可能达到想要的效果。尤其当店铺开业之后，对商品基于价格的采购，与开业之前会有一定差别。这是因为开业前，一切经营数据都是未知的，需要进行预测和估计完成。而在开业之后，顾客的需求从销售数据上体现出来，采购就更需要围绕"销售、毛利额和其他收入最大化"的主题来进行。

例如，在店铺经营过程中，如果发现有部分产品因为成本较高造成价格较高，进而导致销量减少，就应及时调整采购策略，选择性价比更高的产品进行促销，避免销量持续低迷。同样，如果发现产品成本偏低而价格较低，导致利润减少，也应及时重新进行市场调查和供应商甄选，选择能带来更多利润的产品。

04 如何根据顾客喜好选品

根据顾客喜好选择产品，实际上是根据市场的需求来决定店铺采购量，确保购进产品符合顾客的需求，并快速销售出去。这样的采购方针，能够让店铺避免盲目采购，从而扩大商品销售额。

对店铺而言，并非买进任何产品都能销售出去，而是市场需要何种产品才应采购。为此，店长必须采取"以销定进"的思维方式，即想要卖出什么产品就购进什么产品的采购方法。

例如，某蛋糕店的甜甜圈销售量一直比较稳定，受外界环境因素干扰较小。店长便根据每周实际销量进行采购，能够销售多少，就采购多少。

采取这种采购方法时，要对季节性产品先进行准确的预测，再决定采购数量，避免由于过期而造成积压和滞销。此外，如果是新上市商品，则应该先进行市场需求调查，然后决定进货量。

值得注意的是，了解顾客的喜好和需求，并不应单纯运用在对供应的管理上。在店铺实际经营中，一旦摸清顾客需求，通常都以最经济的方式去选品来满足需求，却往往不去主动改变和影响需求。这样，选品、采购就成为简单的事后管理。事实上，如果店铺能够有效介入顾客的需求确定阶段，帮助老顾客事先做好设计和规划工作，就能形成更好的成本规划局面。

例如，某超市通过供应商早期介入，由供应商参与促销方案的制定，吸收其好的建议，使得产品结构更加合理，通过设计过程，既满足了顾客需求，也降低了成本。

又如，某农产品店铺通过与老顾客进行预约，提前制定了节假日单位礼品销售方案，减小了需求变动的可能，也降低了采购成本。

种种实际案例说明，店长的确应重视顾客需求，但并不是亦步亦趋地盲从。在做好产品管理的基础上，店长也应该带动整个团队，从专业角度管理顾客。通过帮助顾客做好规划、为顾客提供解决方案等，店铺就不用总是在进行需求调查和采购跟进，而是能在成本相同的基础上进行提前选品和购买。

在上述原则基础上，店铺的选品和进货还可以利用以下技巧。

1. 货比三家

在选品和采购时，应该秉持货比三家的原则，从中挑选出性价比最高的产品。为此，在向供货商进行咨询时，不能只是考虑到价格和成本因素，在这些因素相差不大的情况下，商品质量、种类齐全程度、是否满足顾客的特定需求等，都应是最终决定采购方向的重要依据。

2. 勤进快销

在满足顾客需求的基础上，勤进快销的选品和采购方针，能够有效加快资金周转，避免产品积压。尤其是个体经营的店长在刚创业时，自身资金实力和销售能力都是有限的，大批量进货对他们而言有较大风险。此时，就应一边拓展市场，一边保持勤进快销的状态，从而加快商品和资金的转化，更好地掌控店铺成长的进度。

当然，进货频率过高，不仅可能增加店内人员的工作量，也会带来店铺经营成本的增加。为此，采购频率也应综合考虑产品特点、销售趋势、货源状态、进货方式等是否能够符合顾客需求等。

3. 把握供求关系变化

顾客的需求不可能是一成不变的，因此即便是相同的商品，也会在不同时间段表现出不同的供求关系特点。店铺必须根据这些关系的特点，对进货选择加以改进。

例如，对于目前货源正常、需求正常的产品，店长可以根据现有库存量计算，等库存不足时再进行补货。但对于货源不稳定、需求正常的产品，就需要店长根据销售状况，预估一定时期之后的销量，一次性采购下一销售阶段中顾客所需要的商品数量。

当然，店长最好能够把握产品需求规律来设置采购数量和频次。

例如，在服装行业，一般情况下，顾客购买换季产品都会比自然季节提前一段时间，而零售店铺的换季进货时间也会比市场提前一两个月。而对于其他隐藏更深的需求规律，店长可以通过对过往年份的销售数据进行统计比对来加以探求、确定和应用。

05 如何优化店铺的商品结构

　　店铺的货品结构不但会影响销售业绩，更会影响长远利润。不少店长都发现，导购员手中销售得最好的永远只是某一个类型的产品，而其他产品则始终滞销；大多数导购员卖出去的往往是低价位产品，而中高价位的产品则经常成为陪衬；不同的销售员销售金额虽然一样，但利润却相差很远……这些问题表面上看属于营销问题，但背后的原因却在于货品结构，店长必须对店铺商品结构做出科学诊断，挖掘问题根源，并有针对性地制定解决方案。

　　某品牌地板零售店 10 月销售结果如下：形象产品 5%、利润产品 15%、主推产品 40%、促销产品 40%。

　　该店新来的董店长拿到这份销售结果，陷入了沉思，很快，他写下了自己的分析诊断提纲：

　　①形象产品占比属于正常范围，可以接受。

　　②利润产品 15% 的销售比例，距离 30% 的合理范围距离较大，说明我店导购员销售利润产品的能力比较薄弱。

　　③主推产品占据 40%，相对于 50% 的要求，10% 的差距基本能够接受。

　　④促销产品占据 40%，比 10% 的合理占比高出了 30%，说明导购员偏向于销售便宜产品，这导致虽然销售目标达成，但客单价和利润比较低。

　　董店长随后写出了该店铺 11 月的提升方案：

　　首先，设定针对利润产品的激励方案，提升利润产品的销售业绩。原来的提成比例为 5%，新的比例提高到 8%，通过利益来推动导购员主推利润产品。

其次，挑选两三款利润产品，设置专柜，进行特别陈列。通过独立陈列的方式来吸引顾客眼球。

再次，针对利润产品，召开全体导购员会议，运用头脑风暴的方法来挖掘卖点，随后进行产品话术训练，富于针对性地提升导购技能。

最后，挑选两三款利润产品、两三款主推产品，作为下个月的促销产品，通过促销形式提升其销售量。

对店铺现有销售货品的结构进行诊断和调整，既能够发现营销中的具体问题，又能够为新一阶段的销售找准重点，避免策略的盲目性，能够最大限度地提升店铺的工作业绩。

要想让店铺产品结构更加科学合理，需要把握以下几大原则。

1. 结构认知

店铺的产品中，哪些应该增加，哪些应该减少，哪些应该撤柜，哪些应该新进，很多店长都缺少基本认知。这种稀里糊涂的思考状态，导致店铺内大量营销工作事倍功半，或者销量难以提升，或者利润有限。

店铺的合理货品结构应当如表 7-1 所示。

表 7-1　店铺的合理货品结构

产品结构	形象产品	利润产品	主推产品	促销产品
价格区间	超高	高	中	低
结构比例	10%	30%	50%	10%

其中，形象产品主要指价格超高、利润丰厚的产品，这类产品通常都需要一定的偶然性才能销售出去。虽然该类产品销量有限，但能够提升品牌和店铺档次，应占据店铺总产品数量的 10% 左右。

利润产品的价格比形象产品稍低，属于高档顾客群体中的大众化产品，应占据产品总数量的 30% 左右。

主推产品属于大众化产品，无论是功能、质量还是外形，都属于同质化较为严重的。这类产品利润一般，但能有效提升店铺的市场占有率，因此应占据店铺产品数量的 50% 左右。

促销产品与"特价产品"不同。促销产品是店铺货品结构中不可缺少的"刺刀"，近似于爆品的作用。这类产品以超低价格来吸引顾客走进商店，利润和数量都不多，应该占据店铺产品总数量的 10% 左右。

当然，上述比例数据并非绝对。在实际经营中，店长可以根据市场和店铺本身特点情况进行调整。但如果偏离太多，就会挤占其他产品空间，影响销量或者利润。

2. 结构确定

具体到每一款产品分别属于哪一类，店长应该根据店铺的店面级别和所在商圈的市场级别，进行个体性归类和确认。以一款家具为例来对不同级别店铺的产品结构进行分析，如表 7-2 所示。

表 7-2　不同级别店铺产品结构

店铺产品组合（按价格）		5 万元以上	3 万 ~5 万元	1 万 ~3 万元	1 万元以下
店面级别	A 类店	形象产品	利润产品	主推产品	促销产品
	B 类店		形象产品	利润产品、主推产品	主推产品、促销产品
市场级别	一级市场	形象产品	利润产品	主推产品	促销产品
	二、三级市场		形象产品	利润产品、主推产品	主推产品、促销产品

实际上，对专卖店进行分类的工作，通常是由店长上级的公司完成的，而分类也是按照城市大小的不同进行划分。因此，店长需要依据自身店铺的综合情况加以确定，了解店铺档次级别大致属于 A 类还是 B 类，并由此确定产品级别的组合是否符合当地市场竞争环境。如果是个体经营的店长，也可以参考同行的连锁店级别划

分体系来区分。

即便经过诊断与调整，店铺的货品结构趋向于合理，店长的工作也没有完成。店长还需要像案例中的董店长那样，围绕产品营销趋势，做出动态的销售诊断。在调整之后，也要更加深入地判断导购员的销售结果是否合理。

06 商品陈列技巧

有这样两个小故事：

一个女孩在日本的 7-11 店中打工。有一次，由于粗心大意，她在订货时多设置了一个零，使得原本每天清晨进货的 3 瓶酸奶，变成了 30 瓶。按照规定，她必须自己承担损失，而这会让她一周的打工收入付诸东流。于是，她想方设法要将酸奶销售出去。

她决定将装酸奶的冷柜移到盒饭销售柜旁边，并制作了一张广告，写上"酸奶有助于健康。"让她意外的是，第二天早晨，30 瓶酸奶不仅销售一空，甚至出现了断货。谁也没有想到，这个女孩弥补错误的方式，最终为 7-11 店带来了新的营销增长点。从此之后，在每一家 7-11 店铺中，酸奶都同盒饭销售柜放在一起。

在沃尔玛也出现过类似的故事。沃尔玛超市的营销分析人员经常会在统计数据时发现，店内的啤酒和尿布的购买总是接近。经过分析，他们发现做了父亲的年轻人在给孩子买尿布的同时，也会捎带上啤酒。于是，沃尔玛的店长们就经常将啤酒和尿布这两件商品陈列在一起。

在店铺中，商品陈列不只是基本的管理工作，也会影响到营销业绩。店长们需要掌握其基础原则和进阶技巧。

1. 基本陈列原则

商品在店铺中的陈列应遵循以下原则：货架每一格至少应陈列三个品种（畅销

商品陈列可少于三个），确保每个品种的数量。如果按照单位面积计算，平均每平方米应该保证 11~12 个品种的陈列。

由于商品是立体摆放的，店长应更加细致地关注商品陈列的立体分布。其中，系列产品应该呈现纵向，因为如果横向陈列，顾客在挑选商品时，就会产生不便。不仅如此，纵向陈列能够让系列商品体现出直线式的系列感，确保使顾客一目了然，也能给每一个品牌的商品以公平合理的竞争机会。

2. 黄金分割原则

通过陈列来提高店铺销售业绩的关键，在于店长是否能巧妙利用货架上的黄金段位。一般而言，将产品从货架下段向上移动之后，其销售额一律上涨，反之则一律下跌。这种规律虽然可能会有反例，但在绝大多数商品中已经被证实。

通常情况下，货架上最佳的销售位置处于上段和中段之间。以高度为 165 厘米的货架为例子，最佳销售位置在 85~120 厘米之间，即货架的第三层，是消费者眼睛最容易看见、手最方便拿取的，因此也是最好的陈列位置。

店铺最好将这种位置用来陈列高利润产品、自有品牌产品，而不应浪费在低利润产品上。相比之下，最上层应该陈列需要向顾客推荐的商品，下层则可以摆放进入销售衰退周期的商品。

3. 整体陈列技巧

为了更好地带动一系列的商品销售，店铺可考虑将整套商品完整地对顾客进行展示。这样的陈列方式能够将全套产品作为整体来突出其价值。完整地呈现出品牌的魅力。在一些服装品牌店内，会利用人体模型，将全套服饰产品加以呈现。

4. 色调搭配

在进行商品陈列时，为了实现整体统一可以将不同色彩进行有机结合，让同一个区域的产品能够统一在基本色调中，达到和谐一致目的。为此，应当尽量将同种色系、尺寸相近的商品分类摆放，避免顾客对店铺产生杂乱无章的印象。

此外，还可以利用层次变化来演绎店铺格调的流畅感。除了产品色彩和形状的渐变，还包括数量渐变、位置渐变和方向渐变等。这样，就能在整体稳定的情况下，突出某一元素的变化，让顾客的视线变得规律起来，使他们在购物过程中产生流畅的节奏感。

例如，可以运用不同深浅的产品色调进行组合陈列，"白色、米色、咖啡色、黑色"就是由浅到深的组合。这种色调的推进，能够让顾客获得协调的层次感，促使他们从众多商品中认准目标。当然，也可以利用异色搭配来突出商品，这种方法尤其适用于服装、鞋帽、装饰用品等色彩要素强烈的商品。

5. 特殊陈列

对于店铺而言，特殊时机显然属于消费热点阶段，是创造业绩高峰的大好机会。特殊时机有可能是我国的传统节日包括春节、端午节、中秋节等，也可以是国际化进程中从西方传入的节日如情人节、圣诞节，还可以是全社会共同关注的热点如世博会、奥运会、世界杯等。根据不同时机，进行产品陈列调整，努力挖掘营销机会，能够收到意想不到的效果。

例如，在春节前后将产品摆成"福"的字样，在世界杯期间，将产品堆成足球形状，在情人节期间凸显"爱心"形状等。这些不同的陈列方案，能够体现出特殊的节日文化，并对店堂环境有所改变，让消费者产生好感与共鸣。他们甚至会感到前往店铺购物也是庆祝节日的方式，并产生购买欲望。

07 进销存管理技巧

商品是店铺生命体的有机组成部分。店铺的进销存管理，犹如人体对新陈代谢的管理，新陈代谢循环正常，身体就会健康。商品的进销存循环顺畅，店铺的业绩自然会蒸蒸日上。

1. 进货

店铺的进货作业管理主要包括订货、进货、收货、退换货等。正确订货，是店铺运营的重要环节。如果是连锁店铺，则应该根据店内库存和实际销售情况，以及公司总部的促销档期安排，按时间向总部申请要货。

货品到店后，要及时进行到货验收和储存，需要经过接收、验收、入库、保管等操作阶段。与大型店铺相比，小店铺的仓库规模较小，因此储存量也较小，更应注意加快商品的周转速度。

如果是单体店铺，应该在进货渠道的选择上考虑更多的供应商，以便于从中选择出最佳对象。其中，环节少、进货量大的商品，店长可以考虑直接到产地或生产厂家进货，从而节约进货成本。而对于普通商品，应该在距离、环节、运输工具、流转步骤上综合考虑，尽量就近进货以便节约进货费用。

对于进入店铺的产品，店长应要求供应商提供能够证明其进行正常生产经营的营业执照、产品有关的详细资料如检验报告等。此外，还必须提供供应商品的实物样品。如果是单体店铺，最好要和供应商签订合同，确定对方的违约责任，对其商品质量要有具体规定，对供应商货款结算日期也应有规定。

2. 销货

由于销售本身是动态的，尤其是自助式销售的店铺，其货架上的陈列商品会因顾客不断挑选而被打乱顺序。因此，在销货过程中，保持商品陈列的整齐，是营造良好销货环境的重要条件。店铺的理货员、组长要通过随时检查，确保陈列商品能够保持以下特征。

①商品正面和价格标签正面面对顾客；

②商品不被遮挡；

③商品上无灰尘和杂物；

④商品堆放高度合适；

⑤货架陈列饱满整齐；

⑥无过保质期和有效期的商品；

⑦无破损变质的商品；

⑧货架上无空缺。

此外，对于某些商品而言，顾客付款之后，并不是销售过程的终结。店铺还必须完善服务，其中包括送货、安装、维修、技术指导、商品退换等。对于那些笨重、庞大或者大量购买不便携带的商品，店铺内应提前制定目录，以提示顾客有送货服务。

同样，对于出售后需要在使用地点进行安装的产品，也应组建专门的安装团队，负责上门服务、免费安装、当场调试，并保证商品质量。对于结构精密复杂、使用存在一定技术门槛的产品，应该有专门的技术人员指导顾客操作，如计算机系统安装、美容产品指导等，帮助顾客正确使用商品。

3. 存货

在进行存货管理时，要确保以下三大要点。

①适货：即准备顾客所需的货品。

②适量：贮存合理的数量来满足顾客需求。

③适时：在适当的时机，贮存季节性或流行性商品。

一般而言，店铺不可能做到对所有存货品种都给予相同程度的重视和管理。为了确保时间、资金、人力、物力等资源能够得到充分有效的利用,应该对存货进行分类。其中,畅销品是周转率最高的商品,通常占库存总数的 20% 左右;一般所需商品,是店铺利润主要创造者,占库存总数的 60% 左右;满足顾客临时需要或者使用周期较长、购买频率较低的商品,其毛利润最高,一般占商品总数的 20% 左右。

对这三类商品的存货管理控制要求,如表 7-3 所示。

表 7-3 商品的存货管理控制要求

项目	畅销品	一般品	利润品
控制程度	严格	一般	简单
库存量计算	详细	一般	简单
进出记录	详细	一般	简单
检查频率	密集	一般	较低
安全库存量	低	较高	大量

在存货管理中,退换货作业也相当重要。其中最实用的技巧,在于设法利用进货回程将退换货带回。这需要店长根据商品进货方式来选择:直送商品可以直接退回给供应商;配送商品可以先退回公司仓库,再由公司仓库统一处理集中退回。

此外,在仓库作业中,应对库存进行定位管理,将不同的商品按照分类分区管理的原则进行存放,并使用货架放置。为此,仓库内至少要分为三个区域:大量存储区、少量存储区和退货区。在区位确定之后,应该专门制作一张配置图,张贴在仓库入口处,以便于员工观看并指导操作。

仓库内的商品储存货架上,应该设置存货卡。日常商品进出,应该遵循先进先出的原则,让进入仓库较早的产品能够更早出库。也可以采用色彩管理技巧,即每周或每月采用不同颜色标签,帮助员工识别进货日期。

第8章

顾客运营策略与业绩倍增技巧

顾客运营是店铺运营管理的基础性工作。店长应通过多种方法，有效了解和分析顾客，采取独特的策略来吸引和留住他们，最终目的在于提高顾客的忠诚度，使他们成为店铺的老顾客，为业绩倍增奠定扎实基础。

01 如何在朋友圈开发顾客

安安是一家化妆品店的店长，由于工作关系，她经常去日本、韩国等地，并时常购回流行的服饰、鞋帽、化妆品、日用品等。每次店里来了新顾客，无论是否购买商品，安安都会跟她们愉快地交谈，最后成为微信好友。一段时间后，她积累了数百个微信好友。于是，她开始频繁在朋友圈"晒"旅行和采购的见闻。

由于安安的朋友圈内容真实可信，很快打动了不少微信好友，于是她在微信上宣传店铺，和对方联系并确定到店时间，让她们来店里观看和体验产品。就这样，安安的化妆品店生意越来越红火。

实体店铺利用微信进行推广，重点在于打造传播渠道、优化传播形式和内容。

1. 打造传播渠道

（1）利用公众号推广。

店长可以找到和潜在顾客属性对应的本地公众号，如美食公众号、女性公众号等（也可以寻找知乎、豆瓣、微博等小组），同他们洽谈合作，让他们帮助你推广店铺微信号。

（2）利用社群推广。

可以利用微信群、QQ 群来推广店铺的微信号。需要注意的是，在社群中进行推广应该提供一定的"干货"内容，即符合群主题、能够帮助群友的有效内容，而不是赤裸裸地打广告，否则很容易被踢出群聊。

（3）利用微信互推。

可以利用私人朋友微信账号互相推荐，也可以和没有竞争关系的商业机构和组织进行合作，互相交换粉丝和好友。

（4）地面推广。

对于店铺来说，地推是成本最低、最直接有效的方式。可以在实体店推出优惠政策，凡是扫码加入店铺顾客微信群的顾客都能够得到红包。这样还能够和粉丝亲密接触、增进情感和深度转化。此外，店铺还可以通过宣传单、海报、产品包装、名片等形式，对店铺微信账号二维码进行充分展示和传播。

2. 传播内容和形式

（1）软文营销。

店长在写好软文后，可以发布到朋友圈，也可以发布到本店的微信公众号，随后利用与微信有关的推广渠道进行推广。

（2）微信活动。

在微信里发起活动，例如各种红包游戏、助力加油等互动游戏，还可以利用"投票""H5 游戏营销""抽奖""签到"等方式进行推广。如果能够选择好的时机加上富于吸引力的奖品，再利用好的玩法和推广方式，可以形成充分的人气凝聚力，充分吸引用户，并形成转化。

（3）"蹭热点"。

通过"蹭热点"的相关营销和宣传来增长粉丝数量，是实体店铺微信营销的重要手段。配合店铺自身的运营宣传，对热点加以借势，往往能收到"四两拨千斤"的效果。

02 如何激活老顾客，带来新顾客

店铺想要获得更多新顾客，就应充分激活老顾客的潜力，发挥他们的介绍能力和营销价值。

来看下面一段发生在某养生店的对话。

小章（养生顾问）：李姐，您如果对我们店的服务还满意，可以建议您的亲友也享受这样的服务。为什么不试试呢？

李姐：小章啊，我们认识时间也不短了，我跟你明说吧。其实推荐你们店的服务，我倒是愿意的，就是担心我推荐的人其实并不想来，为了给我面子，勉强同意办了卡。如果这样，我心里过意不去。

小章：这个请您放心。您可以先打电话给他们，说我们店有一个体验活动，是向 VIP 顾客亲友开放的。他们来店里只是免费体验服务，如果他们感觉真的需要，也愿意信任我们，可以考虑办理会员。如果不需要，也没关系，可以交个朋友，等需要了再和我联系也不迟。

李姐对这样的答复很满意，不久之后，她就开始推荐朋友过来体验。这家店铺由于采用了类似话术，不断从老顾客手中转化新顾客，获得了很好的成效。

想要激活老顾客，必须先留住老顾客，为此，店铺应该做好下面这些准备工作。

1. 随时做出响应

在老顾客消费完毕离店之后，要告诉他们产品使用的注意事项，并向他们保证随时会就产品出现的问题进行回应。店铺还可以使用必要的工具来进行联系，比如可以发放店铺的联络卡，告知顾客相关人员的姓名和手机号码，以便在出现问题时顾客能够和店铺直接进行联络，而不会有后顾之忧。

2. 消费回访

当顾客完成消费之后，店铺应安排人员适当打个电话询问顾客，比如对产品是否满意、对服务是否接受、还有哪些问题等。这种关心，是老顾客最需要的营销方式，也是最具备人情味的激活手段。如果店员能够像关心自己或朋友的利益那样关心顾客，他们也就会更加信任店铺，并成为长期顾客。

3. 始终如一

应该让顾客了解到：店铺不仅有优质的产品，还会有始终如一的服务质量。任何一个店铺在对员工的售后服务训练中，都应该加入有效微笑和服务动作的演练内容。更重要的是，即便在销售完成之后，这种热情也不能有所降低，避免让老顾客感到被冷落。否则，他们会认为店铺进行营销的目的只是在于完成销售量，而因此不愿再相信店铺。

店铺的服务水准要有始有终，能够和售前、售中、售后相互配合，确保老顾客能获得良好的整体感受。只有拥有这样的美誉，老顾客才会愿意将店铺推荐给新顾客。

在条件成熟之后，店铺可利用以下技巧，提高老顾客转介绍的成功率。

1. 把握转介绍时机

理论上，店铺应该利用各种机会，向老顾客请求转介绍。但在特殊时机提出请求，才最容易得到老顾客的积极响应。

例如，当老顾客第一次办理充值会员，或者第一次大额消费时，是很好的提出转介绍的机会。这是因为顾客愿意进行较大消费，已经认识到自身需求和店铺能够提供的价值。也可以在老顾客购买第二次充值会员，或者零星消费达到一定额度后提出转介绍请求。此时，老顾客已经充分信任店铺，被请求转介绍帮忙，通常不会拒绝。

当然，如果老顾客表现出对产品或服务质量的赞美和认可，也是店铺请求转介绍的良好时机。

2. 转介绍步骤

（1）取得认同与信任。

如果没有认同和信任，就很难吸引老顾客进行转介绍。常用的话术包括："×先生（女士），跟您认识这么长时间，您觉得我的服务怎么样？哪里需要改进？"真诚求教的态度，通常都能获得老顾客的认同与信任。

（2）表明态度和立场。

一般来说，老顾客在面对转介绍邀请时都会心存疑虑。因此，店铺导购最好能够诚恳地说明自己的态度和立场，保证自己不会利用对方的影响力去打扰其他人，也不强行向对方销售产品。

（3）启发对象。

不进行启发，而希望顾客直接想出转介绍顾客的名字是有一定难度的。为此，店长应培训店铺营销人员给出具体的提示和启发。例如：您有刚刚生了宝贝的朋友吗？您的公司中有哪些同事关系不错？您的朋友有需要购买新家具的吗？等等。

（4）挖掘信息和资料。

在获取转介绍对象的姓名之后，营销人员可以尽量挖掘出潜在顾客更加明确的信息和资料。此时，询问方式应该注意迂回和委婉。例如："×女士，谢谢您向朋友推荐我们的店，我们会努力向他们提供最优质的服务，您不介意我问一个小问题吧？"

在转介绍完成，获取新顾客的名单和详细资料后，店长或营销人员应该表现出真诚感谢，并及时向老顾客反馈相关信息。

03 优惠券如何用最能打动顾客

糖喵奶茶店在暑假即将到来时，想要进行一次促销活动，吸引新顾客加入微信群。店长小程决定，采取优惠券的方式，向附近高校园区的大学生们发放"福利"：只要在店内消费超过 30 元，即可获得一张指定中杯奶茶免费券，并能够赠送给任何人使用。使用福利的前提是，顾客前来领取奶茶时，赠送者和受惠者都要进入店铺的微信群。

经过这次优惠券促销活动，店铺成功地吸引了新顾客，也活跃了社群气氛，收到了很好的活动效果。

优惠券通常被用于提供给顾客各种优惠奖励，其运用的方式很多，不仅包括价格的折扣，也可以有其他各种方式为顾客带去福利。为了正确运用优惠券，店长需要了解以下重点。

1. 优惠券分发途径

优惠券可以在店铺直接赠送给消费者，也可以通过广告、微信、媒体、商品包装等渠道分发，或者像案例那样通过老顾客赠送给新顾客。

目前，一些店铺采用了创新的形式来赠送优惠券。例如，将优惠券印在收银机打出的收款条背面、购物袋内、促销宣传单、产品目录上。这类优惠券散发的渠道非常灵活，发放方式新颖，容易引起顾客注意。

2. 优惠券设计

优惠券可以设计成为任意大小和不同的外形，如果没有特殊的造型要求或限制，就应该让优惠券像一张纸币。过多地卖弄文字或设计，只会分散顾客的注意力。

在优惠券内容上，应该以清晰而引人注意的文字将优惠内容传递给消费者。在内容最后，最好可以加上一小段文字来鼓励他们多加使用。另外，在优惠券背面，应醒目地标明使用的有效期限和范围，避免顾客发生误会而错过使用机会，引起误解。

3. 优惠券限制

理论上看，优惠券使用限制应越少越好。限制越多，顾客使用的可能就越小，体验也会越差。因此，尽管优惠券使用的限制可以集中在品类、金额或日期上，但这三种优惠使用限制只需要有一种即可，如果过多组合限制，就会导致优惠券失去其意义和价值。

04 送礼策略：VIP 顾客主动转介绍

徐店长负责经营一家母婴健康产品店，凡是在这家店铺充值 2000 元以上的顾客，都能够拿到 VIP 会员卡，并享受多种礼遇：购物享受优惠、产品积分兑换礼物，以及宝宝生日聚会等。尤其是宝宝生日聚会这一环节，最受 VIP 会员的喜爱，在宝宝生日当天，店铺闭店之后，店长和店员会进行精心安排，布置出温馨的环境，还有精美的玩具、可口的甜点……

VIP 会员带着宝宝和其他小伙伴一同来到店里，店员会送上花朵与祝福，并播放欢乐的《生日歌》。孩子们欢声笑语，家长们也流露出满意的笑容。在这样的环境下，VIP 转介绍变得容易许多。

店铺向 VIP 顾客赠送礼物，无疑带有强烈的目的性。但如果懂得使用策略，就能将营销策略最大化地隐藏起来，便于感染顾客转介绍新的顾客。

1. 了解需求

在向 VIP 顾客赠送礼物之前，店铺应该对他们的年龄、性别、生活经历、工作特点有所了解，从而选择符合对方喜好和习惯的礼物。

2. 礼物价值选择

过重的礼物对顾客会形成心理负担，也会导致成本居高不下。同样，过轻的礼物则会让顾客感到不受重视，甚至产生负面效果。店长需要精心选择礼物，使得礼物在价值、成本和效果三方面获得充分的平衡。

3. 选择时机和场合

每个人都希望在最需要的时候获得礼物，这样的礼物才是最珍贵的。因此，为VIP顾客送礼，重点在于找到合适的时机。例如，案例中选择顾客孩子的生日送上一场派对，就具有了"锦上添花"的效果。

此外，在向顾客赠送礼物时，也应注意选择场合。通常情况下，一般而大众化的礼物，可以在店铺内的公开场合赠送，既能够让VIP顾客有面子，也能起到宣传效果。但类似于生日祝福、特别答谢等礼物，应该尽量避免在大庭广众下赠送。

4. 赠送方式

向VIP顾客赠送礼物，最好应该当面赠予，采取寄送的方式虽然方便，但并不利于顾客产生感激的心理。当面赠送时，应该加上热情友好的语言来传达心意，有利于联络情感。

店长应注意，向VIP顾客赠送礼物时，应该站立表示尊重。在递送礼物给顾客时，应该双手稳妥地递送到顾客手中，方便顾客接拿。同时，还应加上礼貌恰当的语言，包括"这是本店的一点小小心意""这是对VIP顾客特别的回馈""祝您生日快乐"等。

只有充分注重赠送礼物的每个环节，才有可能打动VIP顾客，并赢得他们的转介绍。

05 会员卡引流策略

小月酸菜鱼店开业有四五年了，刚开业的两年，由于口味很好，受到了很多消费者的欢迎，不少人办了会员卡。但又过了一年，整条街上增加了不少新的饭店，老顾客来的次数逐渐变少，店内的整体生意也有所下降。新来的薛店长思考了一番，调出了之前的会员卡资料，开始群发消息："尊贵的会员：您已经有××天没有回来了，看到这些真的很让我心疼，希望我们的服务能够让您重新找到家里的感觉！从今天开始，本店每周供应特价菜，低至 9.9 元！欢迎前来品尝！"

经过这一番宣传，小月酸菜鱼店重新赢得了顾客的心，也赢得了业绩的回升。

拥有会员卡的店铺，不仅可以利用会员卡吸引新客，也可以用来激活老会员，达到增加到店客流量的效果。

下面是一些实用的技巧。

1. 会员特权

可以在每周或每月的固定时间推行会员福利，比如专属服务、商品或者价格等。这种方式既能够维护与老顾客的关系，也能够让老顾客转介绍新顾客来办理会员卡。

2. 赠送礼物

利用赠送礼物的方式（如台历），让品牌出现在顾客的身边，占领其家人、朋友和同事的视线，发挥广告宣传的作用，所花费的成本也不高。

3. 会员卡积分

除了消费可以增加积分之外，转介绍新顾客也可以增加积分。在适当的时候可以告诉老顾客，积分能够转化为服务和产品。这样，老顾客就会产生积极介绍新顾客的动力。

4. 异业合作

可以将本店的会员卡作为福利，提供给周边其他行业的店铺。当消费者在这些店铺消费后，对方就可以将会员卡作为福利赠送给他们，而消费者凭借这些福利卡，就能够免费获得折扣或服务等。

这种方式还可以升级为互相交换会员卡进行合作，互相引流。

5. 会员卡抽奖

为了让转化率更高，可以进行会员卡抽奖活动。可以告知只需老顾客以会员卡进行消费，就能抽取现金红包。奖品应该有一定的吸引力，并利用一等奖、二等奖、三等奖等形式扩大受惠面积，提高吸引力。

6. 引导充值

想要增加顾客对店铺的黏性，就要提高他们的充值欲。可以制定一个消费标准，顾客达到这一标准后，就应主动告诉对方，今天可以免单，前提是再向卡里充值一定金额。

这一营销策略，从心理上对于顾客能产生有效吸引力，而实践中其充值概率可能达到80%以上。

7. 引导顾客重复消费

可从一开始就推出重复消费优惠，即只要持卡消费超过一定额度就能享受折扣，并可以累加。例如，第一次享受1元钱优惠，第二次享受2元钱优惠，第三次享受4元钱优惠……第六次享受32元钱优惠。这样，等于用63元钱，引导顾客进行六次消费。

8. 引导转介绍

可以专门向会员卡顾客发送消息：转介绍新顾客加客服微信，两个人都能获得赠品。这样，老顾客并没有心理负担，新顾客也能从一开始就获得福利。

06 派单派卡策略

任何店铺都可能采取过派单派卡的方式，组织营销人员走上街头去进行宣传引流。然而，店长却也大都经历过这样的烦恼：花钱请专门机构设计的单页和会员卡，但最后却都被人扔进了垃圾桶。难道这样的宣传模式真的一点价值都没有？

答案当然是否定的。只有正确设计和运用了宣传单页和卡片，才能吸引潜在顾客眼球，并让他们能够到店消费。

2018 年高考季，南京街头出现了很多"奖状宣传单页"，吸引了很多市民的眼球。不少市民即使只是路过，也会情不自禁地看看别人手中的"奖状"。实际上，这些"奖状"正是一家大型教育培训机构店铺的宣传单页。通过这一宣传形式，该店铺获得了极大的曝光量。

这一事实说明，派单派卡的方式虽然看似传统，但能够通过别具匠心的设计，提供新的服务感给顾客，得到他们的关注，进而吸引他们进行消费。

为了让派单派卡产生更有效的作用，店铺应该通过下面的方法来更好地进行设计和服务。

1. 让宣传单页提供价值

为宣传单页取一个好的标题，能够提升价值感，并改变推广的效果。如果宣传单页真正提供出好的内容，就能让人们愿意保留下来。

此外，也可以通过形式和功能上的价值发挥作用。例如，炎热的夏天，逛街的人群又累又热，这时候如果将宣传单页印刷在扇子上进行分发，效果显然要比单纯的纸面文字要好。

又如，在宣传单页背面印刷上公交车线路表，或者地图指南、城市活动时间地点等民生信息，会比单纯印刷店铺的信息要更好。通过这些有效信息的介入，能够更好地让顾客被内容而吸引，降低"转手扔"概率。

2. 宣传单页文本设计

如果单纯介绍店铺本身，如规模多大、投资多高、取得多少荣誉等，往往很难在第一时间吸引顾客。可以为宣传单页的内容准备一个故事，或者将之打造成一则新闻直播，使其看起来并非广告，又便于受众阅读理解。这样就能最大化展现店铺中产品与服务的卖点。

3. 单页颜色设计

宣传单页或会员卡的颜色千万不能过于强烈。一方面，大红大绿的色彩对比，很容易造成潜在顾客视觉上的疲劳，也会导致品牌形象的廉价感。另一方面，如果将单页画面设计得过于烦琐，整张单页上充满了图片、照片和文字，也会让别人在看过之后无法记住这张单页所要表达的价值对象是什么。

4. 线上线下连接

在单页宣传时，应强调名额和优惠的限制，例如可以告知"前50人优惠，先到先得"，营造出店铺抢手的感觉。此外，由于很多店铺开通了微信、微官网，在宣传单页上，也可以放上店铺的二维码，并标注"扫一扫，免费获得价值××元的产品"或者"扫一扫，专业咨询师为你服务"等，都能够让单页发挥有效的引流作用。

此外，宣传单页上如何引导潜在顾客到店了解产品和服务也很重要。传统的文字用语通常是"请拨打电话×××"或者"咨询电话×××"，但更好的引导方式实际上是"现在立即拨打×××或者加微信×××，专业人员免费帮助你解决问题。"

无论采用什么样的形式和内容，宣传单页要向顾客表达的重点是：我是谁、我要做什么、为什么要选择我……即便顾客最终依然会将宣传单页扔进垃圾桶，但在他们的心智体系中，如果能对品牌留下深刻印象，建立起对店铺的认知度，那么宣传单页也就发挥了其应有的作用。

07 街头引流策略

在店铺的实际运营中，很多人都有可能成为顾客，而人越多的地方，店长拓展顾客群的机会就越大。因此，店长要积极参加各项街头集体活动，主动建立陌生人际资源，发挥引流作用。

一家老年健康中心的店长，经常积极组织店员参加社区的老年人活动，并提供免费服务。例如，帮助社区广场舞团队参加比赛，或者在社区附近的马路上帮助老年人提东西等。通过这样的街头接触，店员们逐渐熟悉了社区的老年人，并同他们建立了良好的关系。随后，整个健康中心的人气得到有效提升，该店的业绩迅速进入本地区排名的前列。

街头引流的方法有很多，其中比较实用的包括以下几点。

1. 集体活动

有集体活动的地方，通常就是人群主要的聚集地，比如旅游活动、亲子活动、文艺娱乐活动等。这是因为参加这些明确主题活动的人群，大都有同样的特点，如果这些特点符合潜在顾客的特征，店长就能够积极布置导购参加集体活动，并通过活动，与潜在顾客建立能够互相信任的关系。这样，即便潜在顾客不会马上上门消费，但也能够被店铺掌握并加以了解。

此外，如果店铺有一定的实力，甚至可以自行举办街头活动。例如，在户外如公园、游乐场、大型商业机构广场等，举行针对特定顾客的展览会、签售会、体验活动、竞技比赛等，在确保安全秩序的基础上，可以充分吸引特定顾客并进行转化。

2. 街头赠送

店铺可以采用街头赠送的方式，将产品或服务送到商圈或社区附近的居民手中，让他们体验实际价值。此外，也可以根据季节或时令特点，赠送居民所需要的礼物。例如，春节前可以赠送春联、中秋节可以赠送月饼等。通过这种形式，增加店铺的曝光率，强化店铺在附近居民心目中的重要性。

3. 街头邀约

如果店铺急于提高人气，可以采用街头邀约的形式，在人流密集地区，邀请潜在顾客进店体验。由于这种形式比较简单直接，容易令人产生误解。因此，店铺应恰当设置方法。

例如，安排年轻女生在街头邀约，效果会比年轻男性店员好很多；如果是化妆、美容等行业，可以让店员携带小样，现场邀请潜在顾客体验，引发兴趣、降低担心，并进一步邀约进店；还可以将街头邀约同发放优惠券、会员卡、扫码等营销活动结合在一起，对那些欣然同意扫码或加入会员的人，进一步释放优惠条件、赠送礼物，利用"店就在旁边，如果现在去，还能获得积分哦"等话术进行引导，让他们主动进入店铺。

总之，街头引流并非被时代淘汰的营销手段。正确采用这一方法，能够在移动互联网时代起到其他营销形式无可替代的作用。

08 微信一对多成交策略

真正具有价值的产品和服务，无论是谁都难以抵挡。即便是实体店，如果正确地将微信作为营销工具，用到推广和引流上，势必能够起到事半功倍的作用。

下面是几种有效的微信营销手段。

1. 信息推送

店铺首先要为营销人员申请微信账号，提高其权威性和可信度。随后，对微信账号进行包装，比如在个性签名中输入店铺的相关信息、打折优惠或者能够吸引用户的精要语言。这样，就能利用陌生人加微信的第一时间，吸引对方的注意，从而实现精准营销。

2. 公众号推送信息

店铺可以利用公众号推送店铺的动态、产品、服务或优惠信息，利用这一方式，将一对多的沟通交流成本降到最低，同时也能传递充分的信息内容。

3. 分享推送模式

可以通过微信开放接口，接入第三方应用。这样，就能让你的微信好友能够方便地调用第三方应用，进行内容的选择和分享。

4. 摇一摇活动

通过微信摇一摇或者雷达功能，与顾客约定在不同时间段开始摇手机，只要顾客被添加到，就能够获得奖品或优惠。这样的活动能够充分调动顾客参与营销活动的热情和积极性。

5. 漂流瓶营销活动

利用微信漂流瓶，可以发送不同的文字、语音内容，让潜在顾客还没有进入店铺之前，就能体验到店铺带来的乐趣。同时也能通过这种方式，接触到目标顾客，实现对其消费的引导。

6. 社群模式

以微信号或公众号作为引导，将所有顾客的微信拉入群中。日常群中举行发红包、游戏、抽奖、猜谜活动，保证互动的人气。此外，还可以利用微博、社区、QQ等社交媒体，形成营销矩阵，将线上和线下的营销渠道相互结合。这样，不但能够提升顾客对产品和服务的体验，也能够通过多种手段增加自身品牌的知名度和美誉度。

09 店铺业绩倍增的公式

在店铺业绩倍增的背后，离不开对一系列公式的应用。要想提高业绩，店长需要熟悉这些公式的内容、由来，并以此发现业绩的突破点。

1. 达标率

$$达标率 = 一定时期内营业额 / 一定时期内业绩指标 \times 100\%$$

达标率体现出店铺对业绩目标达成的能力。例如，某月的业绩指标为 50 万元，实际完成率 42 万元，则该月达标率为 84%。

2. 同期业绩增长率

$$同期业绩增长率 = （当期营业额 - 年月周同期营业额）/ 同期营业额 \times 100\%$$

例如，某店铺 2019 年营业额为 300 万元，2018 年营业额为 260 万元，则 2019 年的业绩增长率为 40/260 × 100%=15%。

同期业绩增长率为正数，表示业绩上升；为负数时则表示业绩下滑。

3. 坪效公式

$$日坪效 = 当日营业额 / 当店的店铺面积$$

$$月坪效 = 当月营业额 / 当店的店铺面积$$

某店营业面积为 200 平方米，当日营业额为 8000 元，则该店铺的坪效为 8000/200=40 元 / 平方米。

该指标能够帮助店长分析店铺面积所发挥的盈利能力，深入了解店铺销售的真实情况。

4. 连带销售率

$$日连带率 = 日销售件数 / 日客单数$$
$$周连带率 = 周销售件数 / 周客单数$$
$$月连带率 = 月销售件数 / 月客单数$$
$$年连带率 = 年销售件数 / 年客单数$$

例如，某日某店铺销售件数为 200 件，客单数为 75 单，则该店连带率为 200/75=2.7 件。该指标体现了员工的附加推销能力、货品组合合理性和顾客的消费心理。

5.ASP 公式

ASP 指的是销售平均单价。

$$日 ASP= 日营业额 / 日销售件数$$
$$月 ASP= 月营业额 / 月销售件数$$

例如，某店铺当月销售件数为 3000 件，营业额为 30 万元，该店本月的 ASP 指标为 30 万元 /3000 件 =100 元 / 件。

ASP 指标体现了顾客的消费能力、货品的定价，同时反映了员工推荐高价货品的能力。

6.VIP 占比率

$$日 VIP 占比 = 日 VIP 消费额 / 日营业额。$$

同理，每周、每月、每年数据也可以由此计算。例如，某点某月第一周 VIP 消费金额为 24500 元，第一周总营业额为 80000 元，则该店第一周 VIP 占比为 24500/80000×100%＝30.6%。

该指标体现出店铺 VIP 的消费情况，利用对该情况的掌握和分析，计算店铺市场占有率和顾客忠诚度，计算店铺的综合服务能力与市场开发能力。一般情况下，VIP 销售占比如果在 45%~55% 之间，则表明该店铺的利益最大化，市场拓展率与顾客忠诚度都相对正常，业绩也相对稳定。如果低于这一数值，则表示有顾客流失，或者市场认可度不足，体现出店铺服务能力不佳。

7. 岗位完成率

$$岗位完成率 = 此岗位实际上岗人数 / 公司下达的此岗位定编人数 ×100%$$

例：某店铺店员定编人数为 6 人，此店店员实际上岗人数为 3 人，则此店店员这一岗位的完成率 =3/6×100%=50%。

岗位完成率体现了店铺各个岗位的缺满情况，从侧面体现了该店铺人才梯队的建设情况。

8. 岗位贡献率

每日岗位贡献率 = 某岗位当日的集体业绩 / 日营业额 ×100%

例如，某门某日营业额为 12000 元，该店有导购 4 名，一共完成了 8000 元的销售量。则该店导购的岗位贡献率为 8000/12000×100%=66.7%。

人均岗位贡献率 = 某岗位贡献率 / 此岗位在岗人数

岗位贡献率与人均岗位贡献率反映了店铺各岗位的实际技能水平。

在上述指标公式的使用中，不能只利用某一指标来确定店铺的管理经营水平，而是应当综合利用各个公式进行相互对比分析，这样才能体现出店铺的综合真实情况。

第 9 章

店长如何做好活动营销与运营

活动营销，是指通过活动来传播店铺产品信息，实现提高产品和服务曝光度的目的。好的活动，能够做到一举多得：不仅宣传产品，同时还能引流。店长精心策划和组织的活动，也能增强老顾客的黏性，让他们感觉到自身价值。

01 如何选择合适的活动促销节点

　　要活动营销发挥应有的作用，必须找准时间节点，设计好的营销内容。不少店铺店长只要想到活动，就会联想到产品展览或者培训讲座，却无法从一个清晰的角度去把握活动节点。这就导致店铺开展的活动可能比较盲目甚至会交叉重复。

　　下面是几个最适宜进行活动营销的时间节点。

1. 节日或纪念日

　　根据节日或纪念日的主题，设计并执行针对性的品牌推广活动。例如，"3·15"诚信消费日到来时，店铺可以进行专门的诚信品牌展示和评选活动。通过具体的品牌展示推荐，让消费者前来评选，最后进行颁奖。这类活动展示的往往是价格比较便宜的产品，可以比较容易地吸引顾客参与和观众关注，效果会比较好。

2. 商业会展时间

　　利用大型商业展览如房展、车展等活动，抓住机会在周边地区找到合适的地点进行店铺营销活动。注意营销活动的主题应该接近商业会展的主题，从而体现出店铺的品牌价值。

3. 店铺庆典活动

　　利用店铺开业周年庆典的机会进行活动，能够营造出良好的节日气氛，并体现店铺的价值底蕴。同时，也是吸引老顾客来到店铺参加活动、了解产品和服务的良好时机。

4. 社区活动时间

　　店铺周边的企事业单位、学校、公益组织举行大型活动，也是店铺很好的活动促销机会。同时，促销的主要产品应该和这些大型活动的实际需求相符合，才能形成良好的购买气氛，并为周边主要顾客留下深刻印象。

02 如何策划成功的促销活动

成功的促销活动，相对于单纯的媒体传播和广告营销而言，对店铺具有两大优势：首先，店铺能够变被动为主动。无论是媒体传播还是广告传播，顾客都是被动接受，但活动营销则更多的是吸引潜在顾客主动参与，通过体验来更多地对产品和品牌信息加以了解。其次，活动营销能够让顾客和企业实现零距离接触，而不需要通过媒体等平台。

为此，店铺在策划活动营销时，应采取以下三个步骤。

1. 广泛搜集数据

所有的活动营销都离不开数据的支持。店长应首先通过各种渠道，对顾客信息进行收集，包括其姓名、年龄、家庭住址、联系电话、家庭收入、健康状况等。建立将邀请参加活动的顾客数据库，并对这些数据进行分析整理，能够将其根据需求状况分类，确定目标顾客人群。

由于活动营销针对的人群更为广泛，因此在分析数据时，更多还应考虑到顾客人群身边的渠道包括熟人、朋友、同事、亲戚、邻居等。例如了解其熟人情况、同事年龄等，以便为活动提供充分的信息。

2. 活动营销组织实施

在确定活动时间和地点后，店铺应当对目标顾客群发出邀请。活动营销的内容应该以服务为主，包括有关产品和服务正确理念的宣传、免费咨询、顾客喜闻乐见的文娱活动等，吸引目标顾客群参加。还可以通过专业人士推荐、老顾客对产品质量的现身说法、销售人员一对一沟通等形式，促成销售。

3. 活动营销策划内容

在活动营销开始之前，店长应带领策划团队完成以下内容。

（1）活动目的。

在活动方案中，需要以该部分对市场现状和促销活动目的进行阐述。包括市场现状、开展活动的目的等。具体可包括是处理库存、推升销量、打击竞争对手，还是新品上市、提升品牌认知度等。只有让目的充分明确，才能使得活动有的放矢。

（2）活动主题。

活动营销的主题主要体现为促销活动的广告语。一个好的广告语能够唤起更多人对活动的重视，第一时间在脑海中浮现店铺的形象。因此，广告语的设置必须符合店铺和促销活动本身的特点。

（3）背景包装。

对促销活动的背景进行包装，包括基于何种现状需要开展活动、开展活动的必要性等。通过渲染社会群体的需要、包装背景，能够让活动的出现显得理所当然。

（4）活动时间和地点。

确定促销活动开展的时间和地点。一般而言，促销活动时间不应过长，否则会影响顾客的参与兴趣，从一天到一周都是较好的时间长度。在促销活动期间的不同阶段，都会对目标人群产生不同心理影响。根据不同时间段，配合不同的宣传推广，能够让活动产生事半功倍的效果。

活动举办的地点应提早确定。如果涉及网络推广，就应提前确定推广渠道是 QQ 群还是微信，或者是具体的网站。

03 如何制定合适的促销方案

下面是某火锅店的开业促销活动方案提纲。

主题：聚缘七星，星星相映，买一送一。

要点：开业活动除常规的庆祝仪式外，拟将火锅品牌的推广融入活动之中，给消费者营造一种"缘分天空"的体验，增强火锅店的亲和力。

具体方案：在开业七天内，每晚实行"买一送一"优惠，以表"七星"回馈顾客的赤诚之心。其间，每晚举行抽奖活动，即每桌选一位代表抽奖，被抽的内容是由 12 张不同的姓氏样牌组成。凡是抽奖者抽到的姓氏牌与自己的姓氏符合（以身份证为依据）则视为获奖，当即奖励七瓶啤酒或瓶装饮料，以此代表"七星"对顾客的诚心。

效果：通过这一开业促销活动的设计，旨在做到"七星"老品牌与新品牌的转换，实现承上启下的发展。另外，充实了品牌的内涵和外延，为今后的促销开辟了广阔空间。

上面就是一份相对完善的促销方案提纲。当然，在实际操作中，还需要围绕提纲形成更加具体的内容。

在制定促销方案的过程中，除了促销活动目的、活动主题、活动对象、活动时间和地点外，店长应按照以下步骤突出方案制定过程的重点工作。

1. 促销活动方式

主要是指活动开展的具体方式，其中最重要的是活动的合作伙伴与活动的促销力度。合作伙伴确保活动的完整性、影响力，促销力度则确保活动具有刺激性，能够充分引发目标对象参与的热情。

为了找到最合适的促销活动方式，要根据促销实际进行分析总结，结合客观市场需求，确定恰当力度和资源投入。

2. 促销商品计划

顾客参加促销活动，其基本需求是为了购买到适合自己需求的商品。促销商品的品种、价格是否具有吸引力，会直接影响到促销活动的成败。店长应该针对活动主题的基本结构和内容，延伸设计出商品销售计划的结构。

3. 媒体工具

促销活动的媒体宣传必不可少。通常而言，店铺不能只选择单独一个媒体，而是要运用多媒体渠道。可以考虑的渠道包括：DM 海报、广场巨幅、店堂海报、门前条幅、店堂广播等。另外，还可以利用微博、微信、QQ、社区和传统媒体的力量发布广告、软文等。

4. 促销活动预算

确定促销活动预算的原则在于确保促销带来的价值贡献大于促销费用的支出。一般情况下，促销预算包括两部分，活动预期效果预算和促销成本预算。

5. 人员分工

及时明确促销活动各个环节的负责人和完成时间，包括执行方案的沟通和形成、与经销商的沟通、货源及赠品的保障、培训、宣传物料配送跟踪等。店长作为主要负责人，应提前对任务进行分解、细化、量化，形成时间节点上的有效控制。

04 促销形式选择与实施细节

活动促销，既要重视"活动"，也要重视"促销"。通过各种形式的活动促销，对既有和潜在的顾客进行吸引，激发他们的购买需求，增加店铺各类商品销售，是促销活动的重要意义。

下面是几种常见的促销活动形式及其实施细节。

1. 折价促销

在活动中进行打折降价，吸引新老顾客购买。折价促销分为特价和折扣两种。可以直接抛出特别价格，也可以宣布一定折扣。

折价促销是活动营销中最常使用的方法，能够和不同活动方式相结合，既可以针对个别顾客进行，也可以面向广泛的潜在顾客。其具体使用方法包括：

①配合活动主题和来店主要客户群体，选择合适的促销商品。例如，春节促销活动，以节日礼盒、婴幼儿玩具和奶粉为主。

②根据促销活动计划，和供应商或总公司接洽确定促销的品种、价格、数量和进货时间。

2. 限时抢购

可以根据活动整体时间，在特定时间段提供特价或打折商品，刺激顾客购买。这一形式更适合于利润较高、质量较好的产品。如限定儿童节当天，××玩具特价×××元等活动。

限时抢购以价格和时间段作为促销重点，利用顾客追求实惠、害怕错过的心理，刺激其在特定时间段果断购买。其辅助的做法还包括：

①线下宣传，即以宣传单预告时间、地点，或者在店铺销售的高峰时间段，利用广播形式告知顾客限时购买信息。

②线上宣传，可以利用公众号、朋友圈或会员群进行宣传。

需要注意的是，限时抢购应正确制定抢购价格。对于选定的优惠商品，在价格上必须要和原定售价相比有超过三成的降价幅度，才能达成让顾客抢购的效果。

3. 有奖促销

有奖促销，即购物满一定金额后，即可获得奖券进行兑奖，或于指定时间参加公开抽奖活动。例如，购物满 200 元，即可获得 1 张奖券参加抽奖活动。

这一活动对于顾客来说充满了未知的乐趣，其具体做法包括：

①决定顾客参加抽奖的消费门槛，通常应该以顾客平均购买金额作为基准，向上增加一定比例。例如，顾客平均购买单价为 200 元，则可设定为 288 元。增加的比例不应太高，避免降低活动吸引力。

②根据抽奖方式和奖品价值，决定顾客参加的方式。如果奖品前几项价值较高，则应该采用定期公开抽奖方式；如果奖品金额不高，则可以采用立即抽奖兑换方式。

③奖品金额与品种。通常情况下，抽奖品的金额应为本次促销活动预估营业额的 5%~10%，赠品的大小和多少则根据抽奖方式来决定。值得注意的是，根据相关法律规定，头等奖单品的价格不应超过 5000 元。

④可以考虑采用较为新颖的抽奖方式。如在线小游戏抽奖、红包墙抽奖等，形式越新颖，留给顾客的体验印象越深刻。

4. 现场评测

在门店或活动现场进行评测活动，健康产品、日用产品等尤其适合这种形式的评测。店铺可针对主要推销的品牌，通过专业人员的介绍和实验，增加消费者购买的信心，强化其日后购买的愿望。其主要细节如下：

①需要安排合适的评测地点，既能保证评测的客观公开效果，也不会影响活动的其他内容正常进行。

②评测之前要有足够的宣传和引导，保证在评测开始时能够迅速集中客户群体。

③在评测过程中应该拍摄图片、视频，经过制作后，在朋友圈和会员群进行二次宣传，起到重复引流的效果。

5. 竞争促销

店铺可以通过鼓励和组织顾客参加特定的竞争性比赛，从而吸引购买。例如，母亲节组织"给妈妈画像"比赛、萌宠比赛、厨艺比赛、时装搭配比赛等。

竞争促销应着眼于趣味性和互动性的打造，从而有效提高顾客的参与性。尤其是比赛本身会带动观看人气，能够形成连带效应，达到增加来客数量的效果。

为了取得良好的促销效果，应配合促销主题，讨论出性价比、吸引感和主题感三者兼具的比赛项目。随后，应利用线上线下方式扩大宣传，鼓励新老顾客参加。在组织过程中，可以考虑邀请专业团队或主持来进行组织，活跃比赛场地气氛，确保活动达到预期效果。

6. 主题事件促销

主题事件促销，即配合社会、社区或商业圈特定事件而进行的促销活动。例如，组织为贫困家庭捐赠衣物等。类似的主题事件促销，既能拉近顾客和店铺、顾客和顾客之间的情感距离，也能在很大程度上提高店铺的美誉度，完善企业社会形象。

在组织该类促销活动时，尤其应强调对事件时机的把握。如果把握得当，就能很好地提高店铺知名度和业绩。

其实施细节要点包括：

①店长应充分掌握社会和商圈内的有关热点事件和新闻，并积极研讨其对店铺经营和顾客购物心理的影响。

②平时应根据主要的事件类型，做好预备方案。一旦发现事件热点，就应立即确定促销的商品及部门，在短期内迅速推出详细促销活动方案，抢夺市场先机，提供差异化服务。

第 3 篇

懂得管理，店长才能轻松出业绩

店长不同于一线店员，工作重心开始从销售向管理转移。要想促进门店业绩增长，就要管理好门店的各个方面：管人、管事、管货品。店长必须告诉自己：从今天开始，我要做的不仅是管理自己，还要负责整个门店的运营！有了这样的心态，门店运转就迈出了成功的关键一步。

第 10 章

不懂管人，店长只能靠自己

店长最重要的工作，不只是销售，与客户进行交流，更重要的是管理好整个门店的团队，让每一个人站在合适的位置上发挥最大的作用。管理不能只靠自己，做好管人的工作，才能胜任店长一职。

01 如何正确授权并明确岗位职责

　　管理的核心是让团队的每一个人在明确的岗位上发挥自身的长处，让整个门店如一台汽车一般完美运转。那么，店长该如何进行正确授权，并明确岗位职责呢？

　　一个人的时间、知识和精力都是有限的，要想做好门店管理的工作，店长不可能所有事亲力亲为，必须向下属授权。但在授权过程中，如果没有明确阐述下属应该做的具体工作，行使自主权的范围，那么就会给工作带来不必要的麻烦。

　　来看这样一则案例：

　　小郑刚刚出任一家门店的店长，经验告诉他，必须进行授权，让员工动起来才能促进门店的发展。于是，他在上任的第一天就进行授权，分别对四位下属表示："你们都可以对门店进行管理，如果发现问题应当立刻去解决。"第一位下属问："那么，我们如何分配职责？"小郑想了想，说："我不会明确给你们职责，就是希望你们互相竞争，这样我想也许会更好。"

　　四名下属面面相觑，但也不敢反驳，于是投入工作之中。结果仅仅一个月，原本蒸蒸日上的经营业绩却不断下滑，原来这四个人都认为自己具有管理的权限，A认为每天应当中午就进行货物清查，B则认为中午时间是销售高峰期，不允许员工离开岗位；C则对管理漠不关心，依然是过去的样子；D却要求每一位员工应当按照自己的规定工作。很快，管理的混乱让整个门店失控，小郑也被总部剥夺了店长的职位。

小郑的这种举动，在很多初任店长的新人身上非常常见：懂得授权的意义，却不懂得授权的方法与技巧。"授权"与"正确授权"尽管只差两个字，但最终的结果却有天壤之别。不懂得分工明确、不监督与控制，都是小郑身上出现的明显问题。

想要做到正确授权，就必须明确以下这几个原则。

1. 对下属的授权应当分工明确

进行授权时，由于我们面对的下属往往不止一个人，因此，必须保证每个人的分工是明确的、不重叠的。店长应当制定授权表格，明确每个人负责的部分，让他们找准自己的定位，增强他们的责任感。

想要做到这一点，店长在授权前就必须分析每一位下属，确定其是否有时间和能力做好这一项工作；如果找到合适的人选，应明确地告诉他你授予他怎样的权力，你希望得到什么样的结果，以及你在时间上的要求。让每一个人的职责明确，就会避免管理的交叉、重叠化，这是小郑没有意识到的问题。

2. 对授权员工进行监督和控制

小郑所犯的另一个致命失误，就是没有对授权员工进行监督，任其发展。没有制约的权力是不可想象的，很容易就会出现下属滥用权限的现象。

所以，在进行授权之后，店长还应当进行不断的监督和控制，应当对下属提出明确的时间节点，在指定的时间里下属要汇报工作的进展情况和遇到的困难。作为店长，我们不必过多地直接参与授权下属的工作之中，这样会让下属感到权力被剥夺，激励效果丧失，但应当在每一个节点上要求授权员工进行工作汇报说明，找到存在的问题并要求其改善，并不定期抽查员工的工作，以确保下属没有滥用权力。

3. 使其他人知道授权已经发生

对于下属的授权，应当在所有店员面前进行，避免真空授权。这样做的目的，一方面是为了保证授权的公开透明、让人信服，另一方面也是为了让其他下属明白被授权员工获得的权力，这份权力有多大。否则，不通知其他人，很可能造成信息失衡，下属排斥管理，降低工作的积极性。

那么，应如何进行岗位职责的明确？

小郑之所以在管理上出现明显漏洞，除了授权错误之外，还有一个明显的问题：没有进行岗位职责明确。每个人都能参与决策，这就会导致门店人员的工作效率大大降低、矛盾四起，所以，做好岗位职责的明确，也是店长在管理过程中的重要工作。

要做好管理职责明确，可通过以下这些方法。

1. 让决策明确落地

每一名员工的岗位职责，都应当是针对一项具体的工作，而不是无限的权力。该如何明确一项工作需要的决策权力？最好的方法是让下属参与该决策，参考员工的意见，明确权力的范围。需要注意的是：一定要避免授权的范围过大，店长必须把好关，与完成任务无关的角色权力不应该下放给员工。

2. 不要过多干涉员工的工作方法

每个人都有一套自己的技巧与方法，例如对于不同的客户，每个人的话术都会有所区别，我们不必苛求员工必须按照自己的经验进行工作，这样会大大降低员工的主观能动性。我们要关注的是结果，而不是干涉员工的具体方法。只要其方式没有违法违规、没有违反品牌门店的相关规定，那么就可以让下属自由决定，这样可以增进你与员工之间的关系，激励员工的工作热情。

3. 做好出现错误的思想准备

店长在分配岗位职责时，要有这样的意识：对于下属尤其是新员工而言，出现错误是常见的事。要让下属 100% 按照管理者自己的意图来完成工作，这是美好的愿望，但通常并非现实。所以，在明确岗位职责的同时，店长也要具备弹性管理的技巧，预计到下属有可能会出现的错误，并及时地加以帮助。事实上，下属犯错，也是成长和锻炼的机会，这是很多店长都容易忽视的一点。

02 如何做好店员的绩效考核

从新人到店长，我们经历过无数次的考核，取长补短、查缺补漏，最终以优秀的形象，光荣地走上了店长这一岗位。成为店长的我们，同样也要对店员进行绩效考核，以保证门店业绩稳步提升，并为品牌储备后续人才。所以，店长想要轻松出业绩，就要做好店员的绩效考核，提高管理效率。

在正式开始绩效考核之前，首先，店长一定要明确这样的观点：考核不是约束，而是一种正确的指导和激励，告诉店员什么事能做，什么事不能做，什么事必须要做好，以及如何去做好。这一点，不仅店长的内心要产生认同，更应当传达给所有店员，让店员认识到绩效考核的目的和意义，这样大家才会重视绩效考核，并以此作为自身能力提升的参考依据。

对于绩效考核，店长应当通过数据化进行明确，让每一项考核精准、详细，这样才能服众，让成绩优异者成为落后者的榜样，成绩落后者可以看到自身问题的所在，这样的绩效考核才是有意义的考核。在此建议以表格的形式进行绩效考核，这样会更直观、更简洁，使得店员在几分钟之内即可看懂。考核方案再完美，如果店员无法理解，那么就是无意义的考核。如表 10-1 为店员绩效考核表模板，可做借鉴。

表 10-1　店员绩效考核表模板

店员绩效考核表							
姓名			入职时间		考评时段		
店铺代号			职位		考评时间		
考评指标与评分情况							
定量考核		评核内容	评分标准			分值	评分
业绩	达标率	个人销售业绩达标率	个人销售定额	个人实际销售额	业绩达标率	60	
			业绩达标率 100% 以上（60 分），其他分数为业绩达标率乘以 60 分				
定性考核		评核内容	优秀（4~5 分）	较好（2~3 分）	较差（0~1 分）	分值	评分
工作表现与态度	出勤率	正常出勤，不请假、迟到、早退或旷工	请事假扣 1 分 / 天，请病假扣 0.5 分 / 天，调班扣 1 分 / 次，迟到早退扣 1 分 / 次（每超 10 分多扣 1 分），旷工扣 10 分 / 天。扣满 15 分该项得分为零			15	
	纪律性	遵守公司规章制度及相关规定，服从安排和管理	遵章守纪，原则性强，并能督促他人遵守	遵守规章制度，服从领导安排	有时违反规章制度，不服从领导的安排	5	
	仪容仪表	良好的精神面貌，着装整洁、头发妆容符合公司规定	制服整洁，妆容精神干练，笑容亲切，用语极其亲切	制服有皱折，化淡妆精神爽利，笑容友善，用语亲切	着装有明显污渍 / 异味，头发头皮明显凌乱，笑容较机械	5	

（续）

定性考核		评核内容	优秀（4~5分）	较好（2~3分）	较差（0~1分）	分值	评分
工作表现与态度	主动性	做事有始有终，无须别人督促，即可完成每项工作	工作一丝不苟，勇于承担责任，能力极强	工作主动，无须监督，能较好地完成本职工作	只能照章行事，遵从指示做事，需不断监督	5	
	专业知识	熟悉相关专业知识和销售技能，能迅速掌握新产品知识	具备全面的知识并运用自如，能迅速掌握新知识	熟悉本专业及本公司的知识，接受新技术较快	只了解公司产品基本知识，专业知识面较窄	5	
	服务意识	积极处理顾客投诉，总能平和顾客的情绪，让顾客满意	能积极有效地处理客户的投诉，使顾客满意	基本能有效处理客户的投诉，化解矛盾	不能及时化解矛盾，处理顾客的投诉	5	
加/减分项		依据《员工手册》第七章奖励与处罚条例所得奖励或惩罚程度适应给予加/减分，最高加减分为 ±10 分。 加/减分情况说明：				±10	
合计得分							

如表10-1所示，这份店员绩效考核评分表涉及一名员工的工作态度、工作意识、专业能力、是否接受店长领导等多个维度，能够有效反映一名店员在绩效考核期内是否能够达到要求。同时，直观的打分制介入，会让店长对每一名店员的特点了如指掌，也能够让店员发现自身工作存在的问题，让店长的管理更加可信。

不同风格的门店对于绩效考核表可以根据实际情况进行调整。但无论怎样进行设计，以下这几点原则是必须遵循的。

①必须对工作职责和目标进行明确，尽可能对该岗位进行KPI指标量化。

②要从多个维度考量店员的绩效，应当从工作的态度（主动性、合作、团队、敬业等）、工作成果、工作效率等几个方面进行评价。单纯以业绩论为导向，会给

整个团队带来负面的情绪影响，如违反职业操守、为达到 KPI 不择手段等。

③每一个细分考量都应有具体档次和对应的分数，以此体现一名员工在该档次中优秀还是落后。

④绩效考核表公布后，店长应与店员进行面对面的交流，了解店员的内心活动，并给予他申诉的机会。

⑤对考核结果进行持续的辅导与追踪。

除了这种传统的人工考核方式，随着大数据、云处理与人工智能的不断发展，目前也有众多智能店员绩效考核系统已经登陆市场，其效率更高、细分内容更全面，并可以快速形成图表、对比趋势图等，会大大提高店长的管理效率，让绩效考核更精准、更直观，店长也可以根据自身需求进行采购和使用。

03 如何做好向上沟通

除了需要与店员进行无缝沟通,店长还需要向上沟通,向更高的管理层汇报门店运营状况,这样才有助于整个品牌根据具体情况调整战略布局,如新品上市计划、新店建设计划等。店长是一线门店与高层管理的重要对接层,一旦不能有效将门店数据向上汇报,就很容易导致品牌出现规划偏差,直接影响到整个品牌布局,最终影响所有门店的发展。

店长一定要有这样的意识:自身的职责是承上启下、左右协调、内外兼顾,否则,就无法胜任管理工作。来看这样一则具有代表性的案例:

小孙是一家连锁服装店的店长,他曾经是这家店的金牌销售,经过多年不断奋斗,终于成为这家店的店长。小孙能力过硬、责任心强,同时与同事的关系非常亲近,所以被总部寄予厚望,是未来总部中层的储备干部。

某一次,小孙负责的门店忽然出了一个问题:一名新员工由于经验不足,导致多起服装丢失事件。按照规定,小孙应当将这件事进行上报,因为产品涉及库房的存货,必须保证数量精准无误;但小孙一方面想给这名新员工一个机会,另一方面认为此事并不会造成过大影响,又担心自己也会背负处分,所以选择在内部进行处理,并没有向大区经理进行汇报。

结果就在一个月后,同区域的另一家门店由于接待了团体大客户,需要对该款式服装从各个门店进行调货。总部根据各店数据分配数量,但小孙这家门店最终缺少数量达到五件,严重影响客户交付,导致客户不满。最终,小孙被总部处分,尽管并未调离店长的职务，但未来储备干部的资格被剥夺了。

类似小孙这样的店长不在少数，他有能力、敢担当，但往往却忽视与上级的沟通，认为自己身为店长，那么店里出现的问题就可以自己解决，忽视了品牌的总体发展。这同样是一种不善管理的体现，不能及时、有效地与上级沟通，势必会给自身最终的业绩带来负面影响。

主动汇报门店的情况，这只是向上沟通的基础。还有更多向上沟通的技巧，我们都应主动学习。

1. 要主动报告

店长应当每周进行门店数据汇总，将相关信息及时发送给自己的上级。尤其对于较为重要的活动，更应主动进行工作进度汇报。例如，门店将会进行大型促销活动，店长应将完整的活动策划方案、活动进度及时与上级进行沟通，并尽可能在上级要求的时间节点前就完成相关工作。如果等上级来问再执行，那么我们在上级心中的形象就会大打折扣。这是所有店长必须养成的好习惯，让上级知道你的进度在什么地方，你做到什么程度，一旦有了偏差还来得及纠正。正如案例中的小孙，如果提前将这一事件进行汇报，那么原本细小的问题可以及时得到解决，不至于在后期造成无法挽回的影响。

2. 对上级的询问必须有问必答

部分店长在面对上级的询问时，或是为了遮掩错误，或是为了保全下属，往往吞吞吐吐、顾左右而言他，这会给上级留下"你在藐视领导、隐瞒事实"的印象。久而久之，管理层会认为你在凭借职权徇私舞弊，即便你并没有那样做。

3. 不断充实自我

上级最喜欢的下属，是"充满灵气"的下属，只要说到一个点，即可理解领导的思路，快速完成相关工作的部署。所以，在我们晋升为店长后，并不意味着万事无忧，而是更应当充实自我，让上级看到我们的进步。这就是心有灵犀一点通，是沟通的最高境界。

郭女士是一家新店的新晋店长，她深知这份工作得来不易，于是就在业余时间不断阅读各类管理书籍，提升管理能力。有一次，大区巡店经理来到郭女士所在的店，询问是否可以进行新品促销活动，郭女士立刻拿出了一份完整的执行方案，表示："我也一直在做这个计划，正好这次您提到了这一点。我详细写明了新品活动的时间和方案，一定有不成熟的地方，希望您批评指正。"

这份完善的计划书让巡店经理对这名年轻的店长刮目相看，选择在该区域率先进行新品活动，并取得圆满成功。巡店经理将郭女士的努力写入报告，使郭女士年终顺利当选"全国最优秀店长"。

每一名店长都应当如郭女士这样，不断充实自我，在店长的位置上进行新的探索，这样才能给上级留下好印象，在与上级沟通时快速、高效理解上级的意图。

4. 毫无怨言地接受任务

店长的工作就是解决上级提出的问题，让总部的设想与规划成为现实，而不是指责上级下达的任务。店长是一个品牌运营的终端负责人，这是店长的第一定位，所以，面对上级交代的任务，最忌讳的是店长寻找各种借口推脱，这会让上级对你的业务能力、职业操守产生怀疑。无论有多大的难度，店长首先要做的不是拒绝，而是去寻找解决难题的方案。事实上，上级并非不知道任务的难度，他最渴望看到的是店长的努力与行动。有了这一点，即便最终任务未能完全完成，他也会对店长产生良好的印象。

04 如何与店员沟通更高效

与人沟通是一门艺术，与店员沟通需要更高超的技巧，这样才能调动所有店员的工作积极性，让门店所有人员拧成一股绳，在店长的带领下创造奇迹。

那么，店长该如何与店员沟通呢？

1. 换一种表达方式

很多店长在管理店员时，由于身为管理者，在表达时往往生硬刻板、充满命令的口吻。这种表达方式看似能体现自己的权威，但事实上却很容易引发下属的不满。

事实上，同一种内容，换一种说法，往往会让店员更愿意接受，也会让店长的形象更饱满。

对经常迟到的店员说"以后早点到，大家都等着你开工呢！"比"以后别迟到"的效果更好；

看到正在一起聊天的店员，说"轮到你去门口迎宾做顾客拦截啦，顾客一直等你呢。"比"不许聊天了！"更让人信服。

2. 让员工对沟通行为及时做出反馈

在沟通过程中，最忌讳的是店员错误理解店长的意图，导致最终行动南辕北辙。为了减少此类问题的发生，店长与店员沟通时，应当让店员做出反馈，双方统一思路。

例如，当我们向店员布置完毕任务后，应当及时询问："是否明白了我的意思？"并要求店员用自己的语言进行重复。如果发现其出现了认知偏差，那么应当及时进行纠正。

3. 积极倾听店员的发言

虽然身为店长，但并不意味着我们是"独裁者"。沟通是双向的行为，必须双方同频，针对问题进行有效讨论，任务才能有效推进。

所以，当我们布置完任务后，看到店员想要发表自己的见解，应当允许店员大胆发言，并认真倾听。在这个过程中，我们要让自己与店员的位置相同，这样才能有效理解他们的意图，而不是单纯被动地听报告。这样一来，我们计划中遗漏或不足的地方，就有可能得到有效补充。

店员："店长，对于这个活动，我有一个想法，不妨把打卡模式引入活动中，这样会更加吸引人的参与……"

店长："这个点子特别好。你可以展开阐述下，我们都做记录。"

……

这种沟通方式，不仅可以获得有效的建议，还能够创造积极和谐的团队氛围，对整个门店的管理提升非常有帮助。即便店员提出的建议并不恰当，我们也要学会积极倾听，待对方说完意见后，再表达自己的想法。

4. 以身作则，正己正人

店长作为一店之长，具有店内最高的管理权。想要与店员进行高效沟通、让店员执行自身提出的要求，那么就必须以身作则，正己正人，为店员做出表率。这一点尤为重要，只有对自己更严格一些，起到模范带头作用，才能让下属店员服从你、跟随你。

笔者见过的不少店长，尤其是新上任的店长，都存在以下的问题：

店长："从明天开始，每天早上必须 8 点半到店！下午两点，我们可以订餐，除此之外我不允许看见任何人吃东西！"

第二天，店长 10 点钟才来到店内，她没有任何道歉的意思，而是表示："早上太堵车了，这交通真愁人。"刚换完工服，她就拿出手机订外卖，然后自顾自地吃了起来。

　　店员见到新店长的这个样子，无不摇头冷笑。一个星期后，没人再理会店长的制度；一个月后，总部得知该店管理混乱，将店长撤职并调去其他区域……

　　店长拥有管理权，但对于店里的制度自己同样需要遵守。如果自己经常违反制度，那只会导致一个结果：店长的威信丧失，更别说让店员尊敬你、信服你了。店长有怎样的问题，店员就会有同样的问题。在这种氛围下，店长与店员的所有沟通都是无意义的，这是店长必须引起重视的地方。

05 如何设置激励机制，店员才更有动力

对店员进行激励是店长的日常基础工作，唯有如此，店员才更有动力投入工作之中。每一个人的先天能力并无多大差别，每个人都能成为销售能手、销售精英，如果能够建立有效的激励机制，会大大提高每一名店员的工作积极性。

最行之有效的激励法则，就是"高分红"，这是让优秀员工不愿离开的"分钱模式"：当员工薪酬高于同行员工薪酬30%的时候，同行的员工会被我们吸引过来；高于50%，他们的高管会被我们吸引过来；高于100%，老板会被吸引过来。

人才之所以留在我们的门店工作，第一原因就是：他在这里获得了高报酬，其他门店无法满足他对于物质的需求。物质需求是人的第一需求，所以，物质激励是最简洁有效的激励方式——给优秀店员更高的工资，他们就会动力满满，愿意与我们一起去奋斗。

当然，"高工资"模式并不是唯一的激励机制。还有哪些方法，能够构成完善的激励体系？

1. 巧用"高帽子"

店长要懂得与店员交流的技巧，尤其要学会欣赏下属、发现下属的长处。特别是对于不自信的新人，更应当在适当的时候给他戴"高帽子"，让他充满自信。

某天，王店长看到一名新人站在货架前手足无措，而其他同事正在忙碌中。王经理意识到这名新人处于职场初期，自信心不足，于是走到他的面前，说："小张，是不是觉得自己刚来，不知道该干什么？其实，你已经比我当年厉害多啦，当年我

可是躲在后面只知道哭。你的形象很好，面试时也能和我侃侃而谈，说明你很有潜质。现在不要着急，看看前辈们是怎么做的，最好能记录下细节，我相信你一定会迈出第一步的，我相信你！"

有了这份鼓励，这名新人终于露出轻松的笑容，点点头走向自己的岗位。尽管一开始他还有些生疏，但王店长始终关注着这个新人，三个月后，他已经成为这家门店的金牌销售，可以独立应对众多顾客。

这名店长的方法，就是巧妙借助"高帽"，激励店员找回自信。如果用"你站着干什么，还不去干活？"这样的语言与其进行交流，多数情况下会让店员更加紧张，最终选择放弃这一工作。所以，激励永远比批评要更打动人心，更能调动积极性。当然需要注意的是：在给高帽子的时候要把握好"度"，避免店员产生骄傲自满的情绪。

2. 针对老员工：危机意识的激励

对于新员工，"戴高帽"可以激发他们的自信心，而对于资历较老的店员，我们则应当通过危机意识激励他唤起工作的积极性。多数老员工由于地位较高，所以会产生懈怠的情绪，认为"混日子"即可，这会给整个门店的士气带来负面影响。

我们不妨针对老员工召开特别会议，明确表示："你们是这家店的元老，具有很丰富的经验。但是请你们意识到，新来的这批新人，他们无论从学历到营销技巧上，都远远超过你们，他们接受过专业的学习。如果你们躺在功劳簿上就很容易被他们超越。如果依然想被新人称作'老师、前辈'，那么必须保持工作的热情，否则就会长江后浪推前浪！"

危机激励法并不是要等到危机来临时再发挥作用，而是应当不断贯穿于门店的管理之中，让老员工始终感受到压力，这样才能保持"饥饿状态"，不断寻求进步的空间。

3. 塑造榜样的力量

榜样会激发人不断朝一个目标努力。店长在进行激励机制设置时，应当在店内塑造一名榜样，以此激励所有店员的进步。

想要塑造榜样，就应当与日常的绩效挂钩。例如，每月进行绩效排行榜评比，进入前三名的店员，将会获得不同档次的物质奖励与精神奖励——奖金的递增、优秀标兵的荣誉颁发；如果获得年度销售冠军，还有机会参与总部的更多活动，获得更多的奖金福利。

用业绩进行激励，这是最有效的激励法则之一。当然，塑造榜样不仅只是简单的"排行榜"，对于名列前茅的店员，店长还应当举办"每月经验分享会"，邀请优秀店员进行经验分享，给予他更多的精神层面满足。能够走上讲台，对其他同事进行专项课程讲解与辅导，这种荣耀是店员都非常渴望的。所以，店长应当在店内开展"每月经验分享会"，将店员在分享会上的表现同样纳入到考核之中，那么所有店员就会形成不断进步、不断竞争、不断交流的良性循环。

4. 最有效的激励手段：抽奖箱

还有一个有效的激励手段，那就是"抽奖箱"。将抽奖箱与榜样机制相互结合，会发挥更大的作用。

费城的 NcO 财务系统公司是一家拥有 150 万美元资产的代理托收机构，为了提高员工的工作效率，公司特别设定：每个月业务最出色的三名员工，可以分别获得 250 美元、200 美元、150 美元的奖励。与此同时，为了激励其他员工，他们还准备了特别的抽奖箱，幸运儿可以获得 100 美元的奖励。结果通过这一方法，NcO 财务系统公司的工作效率提高了 25%。

引入抽奖箱的目的，并非是让店员"白白获得奖励"，而是为了让他们同样感受每月优秀员工排名的气氛，让他们重视这一榜单，努力向那些优秀的店员学习，在排行榜上名列前茅。我们可以通过设置红包、小礼品等，让其感受抽奖箱的快乐，感受成为优秀员工的那份自豪，积极行动起来，激发工作的动力。

06 如何做到一切以业绩说话

管理的目的，是为了提升门店的业绩。管理每一个人，提升每一个人，最终，让整个门店实现预期目标，甚至超出预期，成为优秀门店。

所以，管理优劣，最终的评判标准只有一个：以业绩说话。业绩不佳，即便我们使用了多少管理法则，也是没有意义的。店长要树立这样的意识，以业绩为标准，所有的管理都围绕"业绩"展开。"以结果为导向"，这是店长管理的第一法则。

那么，如何保证自己的管理是围绕"业绩"展开的？

1. 要学会"管到要点，管出结果"

店长的第一项工作，就是制定经营目标，制订实施计划，并寻找到每一个关键点的特点，用数字进行量化，从点到面进行控制。现实工作中，很多店长往往出现这样的问题：管理得太多，或管理得太少，要么自己忙得晕头转向，要么陷入无事可做的境地，这都是失败的管理。

要想杜绝类似情形的出现，我们不妨利用"串珠法"进行管理：排列所有工作，把承上启下的必不可少的关键点串联起来，形成流程控制。通过关注那些重点的数据节点，并进行管理上的调整，整个门店的效率就会大大提高。

金牌店长丁先生受总部委托，来到一家经营不佳、濒临倒闭的门店任店长。他首先对前任店长的计划进行仔细分析，发现前任店长的管理事无巨细，甚至包括一块抹布是否需要更换都要自己亲力亲为，导致管理效率极其低下。随后，丁店长开始大刀阔斧地改革，首先根据总部制定的年度销售目标进行精准分析，根据每个季度、地区、客户的特点制定不同的营销方案；随后，与员工进行逐一交流，写下他们的性格、经验报告，然后开始进行针对性的岗位调整，使每个人每个季度的目标得以落实。最后，对于细节问题，专门建立机动小组，以此保证工作有条不紊地展开。年度规划、季度规划、月规划、周规划、门店管理制度……经过半个月的不断调整，他设计出全新的管理方案，并开始推行。一年后，这家店的销售额进入大区前三名，所有店员无不竖起大拇指："丁店长的能力果然出众！"

丁店长之所以能够让店铺起死回生，就在于他始终将"业绩"作为管理的核心，一切管理法则的设计都围绕业绩展开，这样一来，管理的内容就会更加清晰化——每个人都知道自己要做什么、知道这条管理法则的意义在哪里，同时机动小组会配合业绩进行查缺补漏，在达到业绩标准的基础上去做更多积极的探索。这样，店长、店员的工作就会齐头并进，创建金牌门店。

2. 关注门店运营的几个关键数据点

门店业绩的高低，是通过一系列细节的运营形成的。作为店长，必须关注门店运营的关键数据点，在核心数据上不断优化提升，那么管理效率就会明显提高，业绩也会水涨船高。

（1）客流量。

客流量越大，在客户转换率达到一定高度后，业绩自然越高。所以，店长必须关注客流量，借助各种手段，如促销活动、会员活动等。同时，店长还应根据销售记录，确定销售业绩高峰和疲软期，然后根据这个趋势进行营销策略调整。

例如，某门店的销售在8月是低谷期，店长了解到8月举办世界杯活动，于是特别推出"盛夏店内世界杯大PK"的活动，借助这一热点事件进行营销。结果，原本是低谷期的8月，门店客流量与同期相比增加50%，业绩得到大大提升。这就是针对客流量进行的管理调整。

（2）进店率。

进店量指的是进入店铺的总人数，进店率 = 进店量 / 客流量 ×100%。进店率的高低，反映门店的环境营造是否合理，是否吸引客户。店长必须每周对进店率进行分析，根据数据进行调整，如音乐调整、灯光调整、陈列方式调整等。

（3）成交率。

成交率就是成交人数占进店人数的比例，成交率 = 成交人数 / 进店人数 × 100%。如果咨询人数较多，但成交率较低，往往意味着店员在营销技巧上存在明显不足，导致目标客户流失。此时，店长必须针对店员进行专项培训，使店员熟悉产品。通常来说，每个季度都应开展全面的店员培训，这样会大大提高成交率。

（4）回头率。

回头率是指顾客再次进店消费的比例。维护旧客户的成本，要远远低于新客户的开发成本，所以回头率直接关系着门店的全年运营状态。尤其对于已经成为 VIP 的用户，店长更应关注他们的回头率。店长应当建立完善的售后管理制度，如客户购买后第三天要求店员必须进行电话回访，询问体验感觉；节假日要求店员发送活动信息、顾客凭借小票可享受特别折扣活动等，吸引客户再次消费。

以上这些，都是以业绩为核心的管理法则，任何一名店长都必须做好这些工作，这样才能轻松创造出令人钦佩的业绩。

第 11 章

不懂自我管理，店长永远不称职

> 要想做好管理工作，首先要学会自我管理。如何让店员接受自己、如何塑造一个成功店长的形象、如何为自己设定合理的目标，这都是一名店长需要做的功课。做不好这些，就不是一个称职的店长！

01 店长如何让店员接纳自己

　　成为店长，意味着具备管理权。但是，这不等于就能做好店长这份工作。太多刚刚走上店长岗位的新人，往往由于不懂得管理的艺术，从说话到行为都让店员感到无法接受，最终与整个门店格格不入，不得不走下管理岗位。想要做好管理，店长首先需要进行自我调整，让店员接纳自己，这样才能让管理落地。

1. 先做人，再做事

　　优秀的领导，能够在人格上让下属信服，下属愿意主动围绕在领导的周围。所以，初任店长，要懂得"先做人，再做事"的道理，与下属关系融洽，亲如家人。以感情为基础，才能沟通无限。

　　董女士初任店长，她出身于一线销售，深知店员的辛苦，所以刚一上任并非指定一系列业务考核内容，而是与每一名店员进行交流，了解他们的生活。当得知一名店员刚刚来到这座城市，至今仍在旅馆住宿时，主动将自己一套空闲的房子拿出来，以低于市场价很多的价格租赁给他，帮助他解决了初到异地的生活烦恼；还有一名店员，由于孩子的学校与门店距离较远，每天上班非常不方便，于是主动与总部进行沟通，将其调整至与孩子学校距离较近的另一家门店。店员们很快得知此事，无不佩服董女士的种种做法，很快形成了积极的向心力。这家门店在董女士的带领下，没有一名人才流失，并创造了全年大区销售冠军的佳绩。

　　要想让店员接纳自己，店长首先要学会接纳店员，做一名称职的领导，正如董女士的方法——亲切、热情，而不是高高在上，一副领导的姿态。先做一名让店员感到温暖的店长，再做一名管理一丝不苟的店长，这才是称职的店长。

2. 让店员感受到"共情"，愿意帮助店员解决难题

每一个人都会有情绪波动的时候，都会遇到暂时无法解决的难题，成熟的店长不会对店员的情绪置之不理，而是站在店员的角度与其进行交流，与其产生共鸣，并帮助店员寻找解决问题的方案。

> 店员："店长，我这周重感冒，所以面对客户的时候总是侧着身子……"
> 店长："原来如此。我也有这样的经历，你去看医生了吗？"

一句话便引起店员的共鸣，这个时候再与之进行交流，帮助他解决问题，那么很多难题就会迎刃而解，店员就愿意接受你的批评和建议。

> 店员："谢谢店长的关心，已经吃药了，应该很快很好。店长，您当年处于这种状态时，是如何面对客户的？"
> 店长："其实呀，面对这种情形，我告诉你一个小诀窍……"

这种推心置腹的沟通，不仅不会让店员不服管理，还会对你的关心心怀感激。但如果不创造这样的场景，只是冷冰冰地说"我接到客户的投诉，我不管什么原因，你必须给我立刻解决，否则就离开岗位"，势必会让店员认为你是一名"冷血"的管理者。一而再、再而三，这种认知会在店员中传染，店员一致认为你不是一名合格的店长，甚至出现集体抗拒管理的情形。

3. 把握底线，不姑息"坏人"

在给予店员温暖与帮助的基础上，店长还应当做一个"正直"的人，把握底线，在管理门店时要有底线和原则。店长的工作是维护品牌的利益、保证门店的业绩，带领所有人不断创造价值，这样才会得到店员的认同与信服。否则，店长没有底线，任凭店员随意违反规定，那么无论店长多关怀店员，也不能打造出金牌门店。

来看这样一则案例：

魏先生是一家汽车4S店的店长，他很注重与店员的关系维护，所以口碑一直不错。但后来，店内某一名店员在进行销售时，经常违反规定，在保险服务上多加数百元给客户。由于价格不多，很多客户并未发现，但其他员工将这件事告诉了他。魏先生想了很久，一直没有做出明确的答复，只是说："我知道了。"

这件事让那些一心努力的员工感到寒心，他们在某一天集体辞职。魏先生非常惊讶，说："我这不是为了你们好吗？我想着可以让你们多赚一点！"一名员工说："谢谢您的理解，但是您是否想过，如果总部知道这件事，最终还是我们负责。这件事上您睁一只眼闭一只眼，那么在其他事情上是不是也会这样？我们觉得没有安全感。"一席话，让魏先生彻底傻眼。

魏先生就是典型的"老好人式店长"，表面上看他的行为是给"店员开绿灯"，但事实上如果久而久之如此，整个店的管理就将陷入混乱，徇私舞弊、投机取巧的现象必然会呈井喷之势。这样的店长，无论与店员的距离有多近，也不可能获得店员的认同。所以，在面对原则问题时，店长绝不姑息，更不要纵容，发现一次立刻处理。树立"正直"的形象，才会让店员认同你的管理，认同你的人品，认同你的人格魅力。

02 店长如何做好时间管理

店长不同于普通店员，每天需要负责的事情有很多，所以必须做好时间统筹与管理，这样才能保证自己处于有条不紊、忙而不乱的状态之中。不懂得时间管理的店长，不仅无法保证门店的正常运转，甚至还会给自己的身心健康带来负面影响。

笔者就认识这样一名店长：

邓女士2019年年初任某品牌店店长，她渴望在这个新的岗位上取得更大的成就，每天不到5点就起床，开始整理当天的销售计划、会议大纲等，晚上通常在11点以后才能回到家里。对此，她的丈夫表示，应当安排好时间，不要陷入盲目无序的工作之中，但邓女士却表示："没办法规划，我现在是领导，所有事情都需要我负责，都是十万火急的事情，根本没办法！"一开始，她还能承受这样的压力，但在两个月之后问题越来越多：失眠、食欲不振……整个人憔悴了不少。某一天，她晕倒在门店之中，如果不是当时有店员恰巧回来取落下的东西发现倒在地上的她，那么后果将不堪设想。

邓女士是有责任心、有动力、有能力的店长，但却不是一个"称职"的店长，因为她不懂得时间管理，不仅工作效率无法得到提高，还会给自己带来肉体与精神上的负担。

一名合格的店长，该如何做好时间管理呢？

1. 店长每天要做的21件事

要想做好时间管理，首先要明白哪些事是必须做的，哪些事是可以暂缓的。以下这 21 件事，是每一位店长都必须做的，做好这些事，至少可以保证我们不会被事情牵着鼻子走。

①每天早上提前 10~15 分钟到店。

②先检查员工的发型妆容，形象不达标不开门。

③开门前检查店铺卫生是否达标。

④早会上跟各位员工做好明细分工。

⑤早会上要在全店员工面前定好今天全店的业绩目标（包括员工个人目标）。

⑥协助服务两位优质顾客。

⑦跟踪调查会员推广情况和会员的消费分析。

⑧在相对空闲的时间和有问题的员工进行沟通，给予激励。

⑨忙时全体员工一分钟集合调整和冲业绩提醒。

⑩检查前台或员工打回访电话的情况。

⑪重复练习销售话术或优惠活动话术三遍。

⑫每次 VIP 顾客来都和其进行 3~5 分钟的沟通。

⑬保证一周有三天下班后在外面发放招聘单。

⑭监督抽查晚上员工培训标准度高不高？员工收获大吗？

⑮进行业绩 PK 评选销售之星。

⑯检查店铺里的零用金和流水账是否对账。

⑰检查排休表是否完成。

⑱倾听三位顾客的心声与反馈。

⑲查阅日报表收入的项目是否正确。

⑳考核监督员工晋级标准。

㉑每天协助两名员工完成最低成交业绩。

这 21 项工作涉及店长个人、店员个人、团队、促销活动、客户服务、财务等诸多层面，将这 21 件事作为重点优先完成，那么每天的工作就会较为充实、饱满，并保证门店的正常运转。将这 21 项内容形成表格，完成后进行标注，那么你就会发现：时间管理高效且精准了许多，工作能够按部就班地完成。

2. 重点工作的时间管理

这 21 项工作是基础，对于重点工作，我们更应当做好时间管理。这里的时间管理，不仅包括自身，还包括店员。

（1）让店员动起来。

把所有顾客分好类，安排对口的人去做接待服务。让店员行动起来，会给自己更多有效的时间做其他事情。

（2）任务分级分类。

每天到达门店，除了 21 件必须做的事情，对于接下来的其他事件要一一罗列出来，然后按照 1~5 分五分制的要求进行打分，最重要的打 5 分，最不重要的打 1 分，然后予以区别对待。例如，今天还要做的事情是接待大客户团体与面试新人，那么很显然大客户团体的打分自然较高，处于优先处理的档次，那么应当先做优先事件，将非优先事件向后排期。

（3）通过店长助理来安排工作计划。

多数品牌都会为店长配备助理，他是我们非常值得信任的助手。很多店长往往忽视这一点，并没有发挥助理的作用。当店长的事件安排非常紧凑之时，那么不妨将一些工作交给助理来做，尤其是一些常规性的工作、一些比较容易掌控的工作，如卫生检查、员工签到等。

合理分配时间，通过让助理分担店长的常规性工作，那么店长的时间利用率和利用效果就可以大大提升。

03 店长如何做好自我形象管理

店长代表着一个门店的形象、品牌的形象。店长给客户留下怎样的印象，门店与品牌就会给客户留下同样的印象。所以，店长必须做好自我形象管理。在笔者接触过的众多店长中，很多人都给我分享过这样的故事：

某位顾客在门店中闲逛，并没有明确的购买目标。这时候，店长主动上前，与顾客进行交流和攀谈，最终顾客满载而归。顾客表示，之所以最终买下产品，正是因为店长的态度非常亲切，交流中总是站在顾客的角度，谈吐得体，给人一种如沐春风的感受。

这就是店长自身魅力的展现，做好自我形象管理，会给门店带来不一样的气质。那么，我们该如何入手，塑造自身形象呢？

1. 保证服装的整洁

无论我们是高是矮、是胖是瘦，门店的类型是家居、服装还是建材，都必须注重自身的形象。部分店长由于业务繁忙，甚至顾不上吃饭，导致个人形象不佳，或是没刮胡子，或是没梳理头发，或是穿西服不打领带，尽管自己看来并没有问题，但在客户、店员看来，这就是一种不负责任的体现，给人的印象就是衣着与职务不相称，没有领导最基本的风范与仪态。

分享一则案例：

某天，一家建材家居门店迎来一位客户，这位客户刚买了一栋别墅，需要进行装修。由于客户涉及的装修价格较高，店员权限不足，所以请店长进行接待。这天店长由于工作忙碌，所以没有穿工装，只是披着一件随意的外套就走了过来。谁知，客户见此立刻皱了眉头，表示无须再谈。临走前，客户对店员说："你们的店长如此邋遢，我怎么敢将装修项目交给你们？"

没能注意好自身形象，导致大客户对门店留下负面印象，店长不经意的举动，却损失了一笔大单，可谓得不偿失。所以，店长无论何时都要注重个人仪表，让人对你立刻刮目相看，看到你的风度翩翩，让人对你产生好感。

2. 面带微笑

微笑，是最动人的语言。作为店长，无论是面对客户还是店员，都应将微笑作为第一表情。微笑是自信的体现，能够对店员面露微笑，意味着店长心胸宽广、乐于与店员进行交流；能够对顾客面露微笑，意味着对产品的自信、对门店的自信、对客户的尊重，更容易让客户相信我们。

部分店长有这样的一种认知偏差：自己身为领导，理应严肃刻板，这样才能彰显自身的威严。于是，一旦成为店长，就立刻变得不苟言笑，板着脸与店员进行交流。从表面上看，这样做似乎有了威严，但事实上却给整个门店带来压抑的氛围，团队活力大大降低。

笔者就曾经历过这样的门店：

某门店每周都会召开例会，这是一家曾经以年轻人为主导、活力四射的门店，但当我走进会议室时，却感到了无比沉闷和压抑。随着周会的进行，我渐渐发现了问题：店长是一名非常严肃的中年人，面无表情，眼神里甚至不时会出现烦躁。面对这样的领导，几乎没人敢随意发言。一个小时后，周会在沉闷的氛围中结束了。我通过与其他店员交流得知：这是一名新调任来的店长，他不苟言笑，几乎所有时间看起来都很严肃和低沉；而上一位店长，则是一名永远面带微笑的女孩，所以门店才会朝气蓬勃。新的店长让整个门店感到呼吸困难，已经有店员选择跳槽和离职。

　　这就是自我形象管理不佳的店长给整个门店带来的负面作用。所以，做好服装搭配、面带微笑，这是称职店长的基本职业素养。

　　店长形象不仅限于言谈举止，还有工作态度、工作效率，事实上都是形象的展示。以下这篇《无敌店长形象管理法则》，我们可以学习和借鉴，塑造不一样的店长形象。

无敌店长形象管理法则

　　全天在店，寸步不离，猛创业绩，主动出击，分秒必争，声东击西，不断修正，随时归零，直到关门，接着训练，总结经验，写出计划。

　　还要具备：豹的速度，鹰的眼睛，熊的力量，狼的狡黠，狗的嗅觉，牛的勤奋，龟的耐心。

　　最后还要拥有：哲学家的思维，运动员的体魄，外交家的风范，演说家的口才，小品者的幽默，演员的演技。

04 店长应如何处理人际关系

要做好店长的工作，一方面需要业绩说话，另一方面，也需要考核店长的"人缘"，即人际关系。麻雀虽小五脏俱全，店长作为门店的第一管理人，必须处理好人际关系，即便是一家很小的门店。

1. 学会关注店员的优点

店长对店员提出批评意见是正常工作，但这不等于只关注店员的缺点。每个店员都渴望得到肯定和赞许，适度的赞许会让店员更加努力地工作，同时也会让店员对你留下好的印象。

太多的店长不懂这个道理，结果无法胜任店长这一职责。

小董是一家家电门店的店长，业绩在整个区域名列中上。但就在年中集团会议后，小董却被取消店长资格，调回总部学习。他不服气地找到大区负责人，表示："我们的店虽然不是第一名，但处于上升阶段，为什么要取消我的店长资格？"

大区负责人拿出一份集团统计表，说："请你自己看，这是店长考核内容。你们的店里，所有店员都一致表示你是一个无法交流的领导，总是怒气冲冲地管理。如果一个人这样说我们可以理解，但所有人无一例外，并且我们在收到这个考核后委派调查员到你的店内进行调研，发现的确如此。所以，请你理解总部的决定，暂时你并不能胜任这一工作。"

像小董这样的店长不在少数，他们往往只会对店员的缺点斤斤计较，并且在工作指导时言语上毫不客气，例如"你为什么这么笨"，这种伤害店员自尊心的做法，等于给自己的工作设置障碍。

所以，在管理工作中，要关注店员的优点，经常在例会上赞美店员，建议、引导为主、批评为辅，店员才会接受你的批评，从内心认同你的管理。

2. 学会分享成果与荣誉，学会共同承担

一家门店能够获得成功，这是与所有店员努力分不开的。所以，当门店获得总部嘉奖时，店长一定要学会与店员一起分享这份成果，切忌一人独享甚至夸大自身的能力。这种店长，往往还有一个习惯，就是失败就把责任推给部下。学会分享，学会共同承担，这是优秀店长都应掌握的技巧。

某一年，姚经理所在的门店发生失窃事件，这是由于一名店员下班时忘记锁最后一道大门造成的。按规定，这名店员需要承担所有赔偿，这时候姚经理主动站了出来向总部表示："这件事我也有不可推卸的管理责任，这份赔偿主要由我承担。"所有店员无不对他送上掌声，那名大意的店员更是感激涕零。

年底，经过大家共同努力，门店获得大区销售冠军的称号，姚经理高票当选当年"最佳店长"，但在年会颁奖礼上，姚经理走上领奖台却说："惭愧，这份业绩不仅是我一个人的，更是我们整个团队的功劳。我希望，领导可以允许我们的兄弟姐妹一起上台，一起分享这份荣誉！"顿时，现场掌声一片。凭借着这份担当与分享，姚经理在两年后成为整个大区的负责人，而他的口碑依然被下属称赞。

姚经理敢于主动承担责任、敢于主动分享成果，这是一名店长身上非常难得的品质。人品是团结群体的第一要素。要想处理好人际关系，就需要店长塑造正直、亲和的形象，打造过硬的人品，这样才会让店员心悦诚服。

3. 亲自培训：与店员亲密接触的最佳途径

店长之所以能成为店长，正是因为有一套特别的销售技巧，在众多竞争者中脱颖而出，从销售明星一步步走上管理的岗位。对于多数店员而言，他们渴望从店长身上学到各类有效的技巧，所以，定期对店员进行亲自培训，不仅可以解决店员的困惑，还能够近距离与店员交流，彼此交换更多的信息，这是处理人际关系最好的

途径。

这个方法，我曾推荐给无数店长。多数店长进行亲自培训后，给我的反馈也是可喜的：这个过程中与店员交流的不仅是业务技巧，还交流了很多关于职业规划乃至家庭生活的点滴，彼此从单纯的上下级关系开始向朋友关系进行转换。当双方有了这样的情感，自己布置任务时往往不再是反对声一片，而是大家积极讨论解决问题，整个门店都有了全新的氛围。

亲自对店员进行培训的另一个好处在于：店长的自我成长必须建立在团队成长的基础上。在培训的过程中，店员的个人能力得到明显提升，工作行为更加规范，工作效率得到提高，这也会大大提升整个门店的业绩。有了团队的成功，个人的成功自然水到渠成。

05 店长如何制定个人目标并接受监督

店长会为店员制定各类目标，以此保证门店的业绩稳步前进；同样，店长也需要为自己制定个人目标，与店员、门店共同成长。但与店员不同的是：店员的目标可以被监督，但自己的目标又有谁能够监督？

1. 给自己一个明确的目标，并超过总部期望

每一季度、每一年度，门店总部都会布置相应的任务，这是品牌总部对于一家门店的最低要求。对于店长而言，必须制定一个超越于此的个人目标。这样做的目的，是为了给自身带来更大的动力，否则单纯只看总部的目标，往往会陷入被动工作的局面，工作热情与积极性呈现递减的趋势。

2. 个人目标的关键：组织能力

身为店长，自身的职业重点已经从单纯的业绩销售开始转向管理。所以，对于店长，尤其是初任店长的新人而言，这个阶段，个人目标的核心是提升组织能力。所谓"兵熊熊一个，将熊熊一窝"，作为门店的灵魂，如果没有过硬的组织能力，那么就不是称职的店长。

店长的组织能力包括店员管理、人才选拔与培养、工作氛围环境的营造等，这是一门综合性很强的学问。所以，在制定个人组织能力的目标时，店长应当进行不同维度的精准考量：对员工的关心，对管理制度的创新，建立人才选拔机制、人才培养机制等。

对于组织能力的提升，一方面我们需要在工作中不断摸索，另一方面也应通过专业课程的学习，系统提高自身能力。

　　赵经理在经历了一年的店长生涯后，意识到自己在组织能力上还有很多欠缺，尽管这一年门店的业绩不错。赵经理并非管理专业出身，所以对于很多专业问题往往难以理解，为此，在正常工作之余，她报名参加了一个店长培训班。尽管工作压力很大，但对于培训课程她没有丝毫松懈，从未请假、旷课。经过半年的学习，她对于组织管理有了全新的认识，开始逐渐创建自身的管理体系，而不是仅仅依靠灵光一现。第二年，赵经理建立了一套完善的门店店长管理手册，这套手册经总部推广在全国取得了非常好的效果。为此，赵经理荣升为总部中层管理者，负责全国店长的培训。

　　管理是一门艺术，而非单纯的"经验论"。每一位店长都应像赵经理这样，通过专业的学习提升自身业务能力。学习是永无止境的，将进步纳入个人目标之中，并朝着目标不断前行，那么你就会成为优秀的店长。

3. 确定职业目标

　　店长并不是个人职业目标的重点，想要开拓更广阔的职场生涯，就必须不断前行。所以，店长应当明确规划自身的职业生涯，设定长远目标，并将这份目标进行细化：第一年在门店要取得怎样的成绩；相比第一年，第二年需要在哪些方面取得进步；第三年将会进入怎样全新的阶段。给自己一个清晰的定位，并不断按着规划进行努力，那么在做好店长工作的同时，也会大大拓宽自身的职业方向。

　　制定好个人目标后，接下来又该如何进行监督？

1. 将个人目标当众公布

　　在周会、月会上，店长应当众公布个人目标计划书。这样做的目的，就是为了让所有人监督，并在店长内心形成这样的意识："这份个人目标就是一份承诺，所有下属都已经看到了我的表态，那么我必须严格执行，否则就会被贴上言而无信的标签。"

2. 将个人目标张贴于办公室的明显位置

　　除了当众公布，让所有店员形成强大的监督网络，店长还要将这份目标计划书张贴于办公室的明显位置，如办公桌上等。这样一来，店长随时可以看到给自己定下的计划，同时也能避免因为工作忙碌而忘记细节内容。

第 12 章

做不好现场管理，业绩永远上不去

门店工作，绝大多都会在现场进行。每天，门店要迎接各种各样的客户，如何保障现场工作有条不紊？如何解决随时可能出现的问题？这是店长需要掌握的技巧。做不好现场管理，那么业绩注定一团糟！

01 如何管理好员工，保证服务质量

服务质量的高低，决定着门店口碑的好坏，决定了最终成交率、客户回头率等。所以，店长的工作重点，就是做好服务质量管理，尤其是现场服务质量的管理，从而实现提升业绩的目的。

1. 管理好店员的现场形象

个人形象会给客户留下最直观的第一印象。所以，店长对于店员管理，首先要从个人形象入手。以下这几个方面，是店长每天都应特别注意的。

①保持健康清爽的形象，女性店员如果需要化妆，必须提前化好淡妆。

②头发干净整齐，如果店员染发，不允许染成不自然的颜色。

③尽量减少佩戴首饰；保持手部干净整洁，指甲缝内无污垢。

④如果有统一工服，必须保证干净整齐，纽扣必须全部扣上。

⑤内衣不可外露，鞋带必须整齐。女性店员如果穿着丝袜，必须保证无破损、与肤色接近。

⑥如果有工牌，必须端正佩戴于左胸口袋边缘处。

⑦除非休闲类、运动类品牌门店，否则禁止店员穿休闲鞋、运动鞋。

对于这些细节，建议门店每天正式开业前，店长提前十五分钟进行逐项检查。如果发现有店员不符合规定，那么应要求其进行重新整理，否则当日不可进行工作的开展。

2. 确认店员的职责与使命

正式上班前，店长还应当确认每一名店员的职责与使命，通过面对面的交流，

让其重复当日的目标和计划，这样才能保证店员"带着一颗战斗的心"走上工作岗位。

A："今天我的目标是完成五单销售！这是我本月的最低标准！"

B："今天我的目标，是与昨天的大客户团体进行更细致的沟通！拿下他们，我当月的业务目标将会提前完成！"

C："今天我的目标，是保二争三，这样就有机会进入本月销量前三名！"

......

这是一家门店每天开业前每一名店员的职责与任务确认环节。通过目标明确化、责任精准化的宣讲，每一名店员都能够找到当天工作的重点，带着饱满的精神状态迎接挑战。这样的门店，自然业绩居高不下。反之，如果店长并不要求店员做这样的职责确认，那么可能每个人都会"当一天和尚撞一天钟"，久而久之店内士气萎靡，业绩不断走低。

3. 观察店员的情绪，及时进行调整

每一个人都有情绪低落之时，如何快速让店员走出困惑，店长的管理能力至关重要。如果不注意这一点，与员工之间缺乏依赖感、缺乏沟通，很容易导致店员陷在这样的情绪之中无法自拔，直接导致店员的工作积极性不高、服务水平不高，影响工作的开展。这就要求店长应当眼观六路耳听八方，一旦发现店员情绪波动，立刻介入其中帮助其进行心态调整。

郭女士是一家内衣店的店长，这天她在店内巡视，忽然看到店员小赵在与客户交流时流露出心不在焉的样子。郭女士立刻意识到这是不好的现象，于是主动介入小赵与客户的交流之中。服务完客户后，郭女士立刻与小赵进行交流，询问她为何忽然情绪低落。经过聊天后得知，小赵中午与男友发生争吵，这种情绪笼罩着小赵，所以工作时总是走神。郭女士对小赵说："年轻人谈恋爱时磕磕绊绊很正常，并不是大的矛盾，相信我，下班时你们就会和好如初。如果你觉得依然还是不舒服，那么我今天特例给你放半天假，记住，只有半天哟！"

郭女士的话让小赵放松了很多，她选择继续工作，整个人的状态好了很多，下

午接连服务了四名客户。下班前，小赵给郭女士发去微信："郭姐谢谢你！果然像你说的那样，他向我道歉啦！以后，我再也不会带着情绪上班，影响工作！"

很多时候，仅仅只是简单的问询、宽慰，就会让店员从失落的情绪中快速走出来。但笔者见过的不少店长，却恰恰没有意识到这一点，或是觉得不好意思，或是觉得在刺探隐私，结果导致店员始终情绪不高地对待工作，业绩始终在低处徘徊。如果能够像郭女士一样，大胆一点、主动一点，学会关心店员，那么就能激励店员以饱满的状态重新投入工作之中。

02 如何管理店内物品，保障现场安全

店内物品是门店重要的资产，做好店内物品管理，才能保证经营活动健康有序地开展。物品管理看似容易，但它涉及门店制度与人员管理等多个方面，同样考验着店长综合管理的能力。

1. 安装专业电子防盗系统

电子防盗系统发展迅速，可以有效避免店内物品的失窃，尤其如 EAS 电子商品防盗，是目前常见的门店防盗模式。这种防盗系统通常由防盗天线、防盗扣、开锁器三部分组成，防盗天线放在出口处，在每个物品上钉上防盗标签，如果有人把带有防盗扣的物品带走，经过有防盗天线的出口处就会发出报警声，能及时地阻止盗窃的发生。尤其对于服装门店、贵重产品门店而言，它都能够起到非常有效的防盗作用，100% 的检测大大降低了产品的被盗率。

2. 向店员灌输"保障店内物品安全"的理念

一方面是增加专业防盗设备，另一方面则是要让店员提高安全意识。店长要每周召开安全讲座，让店员从意识上重视店内物品安全的问题，并分享各种安全技巧。例如：当客户将产品拿到手中后，应当随时关注客户的动向，保证寸步不离；如果需要为客户介绍其他产品，或取出其他产品，应招呼其他同事进行短暂接待，保证物品始终处于店内人员的监控之中。在同事尚未到位之前，不可进行下一步工作。

对收银员进行专项培训，保证收银柜始终处于店员的监控之中。如果收银员短暂离开，必须确认收银柜锁紧后方可离开。现金一定要妥善存放，要远离柜台和货架，不要给不法分子制造偷窃的机会。

3. 每天进行检查

每天关店前，都必须进行商品数量盘点、卫生打扫、电源安全检查、店内设施检查，以及关灯锁门后再检查卷闸门有无锁好等细节性工作；第二天早上门店开店前，同样需要进行数量盘点等工作。对于这一工作，店长不必亲自进行，可指定店员或店长助理去做，但需要做好拍照、视频拍摄等工作，通过微信等方式发送给店长确认。

不要小看这一工作，事实上很多门店恰恰因为疏忽了这一点，导致失窃等现象的出现。

临近年底，某珠宝店非常忙碌。结果某天，由于店长出差，店员关店时一时疏忽，忘记将一个展柜内的商品放置于保险箱，结果当天夜里，三名蒙面人闯入店内，将该展柜内的商品洗劫一空，造成非常重大的损失。

这个事例，就是非常典型的工作不认真造成的安全事故。如果店长能够要求店员通过发送图片、视频的方式汇报店内情况，那么这一问题就会有效避免。

03 如何处理顾客投诉，留住顾客

顾客对服务产生不满，往往会选择向店长进行投诉，以求解决问题。面对这样的顾客，作为店长，我们该如何有效化解顾客内心的不满，短时间内扭转局势，留住客户，让顾客再次在店内消费？

首先，我们需要把握以下这几个原则，然后再进行细节上的服务。

1. 熟知总部制定的顾客投诉处理机制

在不违反原则的前提下，灵活冷静地解决问题。切记不可违反总部规定，否则问题就会更多。笔者就曾见过这样的店长：

某次，周店长接待了一名怒气冲冲的顾客。原来，某个店员由于疏忽，将顾客已经预订的产品销售了出去，而库房已经没有库存了。为了让顾客满意，周店长随口表示愿意五倍赔偿，却忘记总部规定超过三倍赔偿的服务，必须经总部批准。结果，总部驳回了周店长的请求，最终顾客不依不饶到消费者协会投诉，而周店长则被总部解雇。

周店长就是忘记总部规定的一类人。表面上看口头的承诺让顾客满意了，但事实上却给自己"挖了一个深坑"。

2. 顾客投诉时往往情绪较为激动，渴望短时间内解决问题

所以，无论店长手头有多忙碌，都必须快速给顾客答复，必须暂停手中的工作。诸如"你先等一下，让我把手头的事情忙完"这样的回复，会造成事情复杂化。

冷静、遵守原则、快速解决，在这三方面的基础上，我们可以对顾客投诉展开有针对性的处理。

1. 先承认顾客投诉的事实

面对顾客的投诉，店长首先要表示"承认"："是的，我是这家店的店长，我已经接受您的投诉，请您说明问题，我一定协助解决。"这种态度，会让顾客感到店长在认真倾听，而不是否定自己。客户会感到受尊重，怒气消失两成，愿意与店长交流。

有一个细节需要特别注意：在接受投诉时，尽可能与顾客单独交谈，以免影响其他顾客，以示对顾客的尊重及对问题的重视，尤其对于隐私性话题。

2. 站在客户的角度看待问题

顾客在愤怒时，最渴望的是理解，而不是针锋相对的辩论。所以，店长必须与顾客交流感情，站在顾客角度看问题，理解顾客的心情和处境，表示对顾客的同情与尊重，并对顾客表示谢意。

店长："我已经明白您的投诉内容。首先我要道歉，我特别理解您的心情，如果换作是我，原本已经预定的产品被卖出，也一定会生气。您现在找到我，说明还是想解决问题，而不是一直生气下去。所以，我一定会给您满意的答案。再次对您表示感谢。"

店长的这种回复会让顾客感到自己的投诉是有价值的。有了这样的沟通，顾客的愤怒会消失大半，有助于问题在店内快速解决。相反，如果店长说："对不起，我觉得这个问题是你自己造成的。我们每天那么忙，怎么可能记得这么多件事？"意味着整个交流彻底失败，顾客或是选择向更高一级的管理者投诉，或是直接曝光于自媒体，给门店带来不可想象的后果。

3. 与客户沟通解决方案与时间

如果已经取得了顾客的基本原谅，这时候我们要进入实质问题：如何解决，以及解决时间。如果问题较小，可以当场解决，那么店长应当立刻做出行动，对顾客的投诉进行处理，如更换产品、规定范围内的合理补偿。效率越高，就越会得到顾客的谅解。

如果问题较为复杂，那么这个时候不妨说："我特别理解您的心情，我们会立刻展开行动。不过，您的问题的确不是小事，我们需要制定针对您的具体补偿方案，给我们一点时间好吗？"不要低估解决问题花费的时间，与顾客协商一个双方都可以认同的时间，然后快速投入后续处理之中。

4. 落实问题

无论是当场解决问题还是经过一定时间处理后解决问题，店长都必须主动与顾客进行联系，咨询顾客的反馈及处理的进度。同时，我们还要将整个投诉时间及采取的措施、结果，完整地向有关方面报告，以便不断改进服务工作。

这一步，恰恰是很多店长容易忽视的。事实上，如果能够主动与顾客进行交流，反而会赢得顾客的好感，让一次危机事件转化成为"回头客"养成的过程。

店长："您好，×小姐，我是×××店的店长。上次您在我店的投诉问题，是否已经得到有效解决？"

顾客有些冷淡地说："嗯，解决了。"

店长："那就好。对于这种问题的出现我再次代表我们门店向您表示诚挚的道歉。未来，我们一定会杜绝这类问题，给您带来更优质的服务。"

顾客："这可真难得……这是我第一次遇到还会主动和我联系并道歉的店家。"

店长："这是我们应该做的，是我们的规章制度。得知问题已经顺利解决，我们才能给这件事画上一个句号，这也是我们进步的过程。"

顾客："您太客气了，其实就是小事一桩。不过，您的这种态度让我觉得很舒服，我相信这是一次意外，以后我还会来的！"

这样的交流得体、大方，将顾客放在第一位、将问题的解决放在第一位，至此，客户的愤怒彻底消失，反而对我们产生好感。一名原本满心抱怨的顾客，反而成了我们的回头客。

面对顾客的投诉，如果店长可以如此交流，那么就不存在无法解决的问题，而这名顾客也会因此成为门店的忠实顾客。

04 如何做好现场激励，点燃员工激情

对店员的激励，不仅在工作之外，更要在工作岗位上。销售旺季，在现场进行有效的激励，会进一步激发店员的销售激情，创造更好的业绩；销售淡季，进行有针对性的现场激励，则会给整个门店注入活力，使淡季不淡。现场激励非常考验店长的"感染力"，做好这项工作，就不愁业绩上不去。

1. 设置小礼品，随时进行激励

激励应当随时随地，给店员带来不断的惊喜。所以，店长可以在门店中设置小奖励，或是在门店管理群中随时准备好小红包，奖励给那些表现优异的员工。员工看到自己的工作得到认同与肯定，那么工作绩效自然会明显提升。

分享一则案例：

某一天，张店长看到下午不太忙时，大部分店员正在聊天，只有小张一个人拿起扫帚开始扫地。张店长不动声色地将视频拍了下来，然后分享到员工群中，并发送了一个五元的小红包，说："快看看小张，真是让人值得学习！给他一个小奖励！"顿时，整个门店的气氛被点燃了，大家开始忙碌起来。

类似这种奖励会在不经意间调动起大家的积极性，投入工作之中。所以，店长应当随时准备好各类小奖品，对突出的店员进行奖励，鼓舞士气。

2. 给予店员期许与信任

对于门店正在开展的主题活动、促销活动、会员活动等，店长的期许与信任往

往能够带来强大的精神力量，激发店员的工作激情。也许仅仅只是一段话，却会让大家热血沸腾。

这天早上，某家电门店将举办促销活动。为了让店员快速成长，宋店长在晨会时将几名骨干店员召集到一起，说："你们是店里的老员工，也经历了多次大型活动，这次，我希望看到你们几个挑起大梁。我相信，由你们做团队领导，会比过去的成绩更加优秀！告诉我，你们有没有这个自信！"

"有！"几个人大声回答道。

"好！现在给你们 20 分钟时间讨论，如何分配职务！你们是团队的精英，今天所有的安排由你们决定！这是你们的荣誉，更是你们必须接受的挑战！"

一席话让几个人激动不已，他们很快讨论出当天的方案、分配好各自的任务，然后带领其他店员投入工作之中。凭借着这股冲劲，当天的营业额是平常三倍还多！

充分给予店员信任，所以宋店长让团队变得热血沸腾，团队精神和凝聚力得到大大提升。店长的这种语言会给店员带来一个强烈的信息："相信你们值得信任"，相信他们具备了所需要的素质与能力。有了信任，又有了一定授权，他们自然会爆发出无尽的潜力。

第 13 章

做好货品管理，才能稳赚不赔

门店卖什么？卖服务？卖装修？归根结底，是卖出货品。如果一家门店的货品经常出现损坏、号码不全等问题，势必会影响客户的心情。因此，门店店长必须做好货品管理工作，让每一款产品都能打动客户的心！

01 货品管理这样做就对了

货品管理不是简单的进货、出货，而是根据市场需求、折扣活动以及资金使用、库存商品和其他经营性指标做出全面的分析和计划，保证货品可以有效满足市场销售。在经营中，实际上大部分的销售额只来自于一小部分商品，即 80% 的销售额是由 20% 的商品创造的，这些商品是门店获利高的商品，所以，店长必须对货品进行科学管理，这样才容易实现销售目标。

1. 根据市场热度控制商品

每款产品都有自己的热销期与低潮期，店长应当提前进行数据分析，做好预测规划，进行有针对性的控制。对于畅销的产品，应当在货期内加大订货量，适当囤货，以提高门店的毛利率水平；对于处于低潮期的产品，应控制订货数量，并且在订货期结束前及时办理退货手续，避免出现退货差异。最忌讳的是不按市场规律进货，导致产品大量积压，影响门店的正常运营。

曹店长初任某店店长，恰逢进货季到来，他没有多想，只是根据总部的建议，进购了五款有可能成为爆款的产品。但曹店长没想到的是：这个区域有自己独特的消费习惯，结果正式开售后，仅有两款产品达到了预期，剩余三款产品都出现严重的积压。曹店长原本想开一个好头，没想到因为自己的疏忽大意，导致门店业绩成为当季区域门店的最后一名。

很多门店店长都会犯像曹店长一样的毛病：不关注市场动态，仅仅根据总部的建议采购货品，导致货品积压，这就是一种不职业的表现。总部建议往往趋于"标准化"，更多细分、精准化的市场分析必须由店长进行，因为店长才是最直接接触市场的那个人。货品管理的第一个原则，就是保证库存处于合理区间，爆款是龙头、其他产品做补充，平均进货、仅依靠其他地区的数据进货会造成与市场需求不符，大大影响销售目标。

2. 做好接货与统计工作

要想做好货品管理，必须从第一步开始打好基础，即接货与统计。店长应当在店内设立专门的接货团队。新产品到货后，从货包中取出货单交与负责人，再将货品进行归类进库。在这个过程中，店长既可以采用传统的人工记录方式，同时也可以借助更为先进的产品管理软件，对商品的价格、货号、色号、尺码、数量进行详细统计。清点结束后，店长应在来货单上签字确认，并委派其他店员再次进行审核，如果发现店铺清点的实际数量与来货单上不一致，则应当及时与总部进行沟通。

在这些工作完成后，店长应当在电脑上进行单据审核，并进行精准归类。相关审核信息应当通过电子邮件抄送给上级负责人。

3. 做好退货流程

退货同样应当按照流程进行，保证货品安全回到总部仓库。部分店长认为退货意味着货品无须销售，所以往往在这个过程中不够仔细，结果造成不必要的麻烦。因为在很多时候，总部对于退货货品有其他安排，如果数据漏洞百出，会给整个品牌的运转带来伤害。

来看这样一则案例：

到了换季时节，郑店长的服装门店需要将未销售完的过季服装统一打包发回总部。郑店长忙于新品上市的促销活动，并没有对这件事过于上心，只安排了一名新人负责这件事，只是在最后的出库单上签了字，并没有做任何检查。结果，几天后总部大区经理来到店内，对郑店长提出严厉批评，并取消了郑店长当年奖金和金牌店长评选资格。原来，这批退货需要运至其他地区进行销售，但郑店长的门店上报的数量与实际数量存在较大差异，导致配货出现明显误差，直接影响了其他大区的市场营销计划。郑店长懊悔不已，却只得接受总部的处分。

退货看似容易，只需将产品返回总部即可；但事实上，退货也是品牌的重要管理组成部分，能否正确对待退货，同样考量着一名店长的责任心与工作能力。

那么，退货应当如何合理进行？

首先，收到总部的退仓要求时，店长应当分配有经验的店员将相应的货品找出，并将标价牌向上统一包装。

其次，将货品统一进行电脑扫描清点，核对确认后打包。原则上是用纸箱装货，如用货包装货打包时一定要缝好包口以防货品遗漏造成数据误差。封装前，店长应当亲自到场，并在纸箱或退货单上签字。

最后，在纸箱外包装上详细写明产品、数量，并说明其中的内容：×××店退仓，共××件，其中正品××件，次品××件，共××箱。外包装上应写明：×××店退仓，共××件，××号箱，内有退仓单。这才是规范化的货品管理流程，保证产品能够保质、足量地退回总部。

02 如何制定灵活柔性的补货策略

进入销售旺季，爆款产品往往会处于经常断货或库存不足的状态，这个时候就需要适当补货，满足市场需求。如何制定补货策略，是货品管理的重要内容——补货过多，会造成库房拥挤，成本大幅增加；补货不足，会无法满足市场需求，影响业绩。

那么，该如何制定灵活柔性的补货策略呢？

通常来说，补货往往在以下几种场景下进行。

1. 正常销售补货

对销售所产生的库存短缺进行补货，尤其对于服装等类型的门店，要保证货品齐色齐码。正常销售补货并不受时间的限制，只要存在短缺，就应当及时补货。正常销售补货需要遵循一个原则：补货数量以保证销售略有宽裕为宜。

例如，某款服装在周一时还有以下库存：S码2件，M码4件，L码4件，XL码2件，XXL码1件。到了周末，M码与XL码已经无货，这意味着这两个号码的服装最受市场欢迎，所以再补货时可以以首批发货为准另加部分数量，M与XL两个码的衣服在标准的基础上增加3～5件，以保证销售。

2. 预备销售补货

预备销售补货针对的就是即将到来的销售高峰。在这个阶段，一定要提前做好补货，以免高峰期储备不足，影响高销售额的实现。通常来说，以下这几个节点都必须做好预备销售补货。

"五一"小长假，十一黄金周；圣诞节；情人节；元旦；店铺周年店庆时期。

预备期销售补货通常应当在高峰期到来前 10 天左右完成，否则很容易由于天气、物流等原因影响正常的销售。同时，还应当根据之前货品销售反映的情况，保证一个星期销售的数量为宜，过多或过少都会影响最终的销售额。

3. 定期补货

定期补货是一种在重大节假日之外进行的常规补货，主要针对周六、周日。通常来说，周六、周日都会迎来较高的人流量，为保证在这两天内货品对顾客的吸引力，定期补货、上新货就成为最好的办法。

补货时，很多店长往往会犯这样的错误：补货时缺什么码就补什么码，缺多少补多少。表面上看这样最稳妥，但事实上这是一种对市场不够了解的保守的态度。来看这样一个案例：

某天，李店长所在的服装店迎来了两名客户，她们看上了一款服装，但没有合适的号码。于是，李店长表示："我今天就向总部订货，三天后您二位再来。"当天，李店长就完成了补货，但到了第三天，那两名客户还带了另外两个朋友一起来，想要买这款服装。结果，因为补货不足，不仅另外的两个朋友没有买，之前的两个客户也为了照顾朋友的面子选择放弃。最终，李店长让四名客户从手边溜走。

李店长这种"缺多少补多少"的方法很容易陷入留不住老客户、吸引不到新客户的境地，这是应当格外注意的。

那么，怎样的补货才是最合理的？店长要做好销售统计，分析货品能否有较长的销售期。如果答案是肯定的，那么在补齐不足的基础上，还要再补一部分能满足一段时期销售需要的数量与其他码数的数量。

例如，某款连衣裙销量稳定，目前库存如下：M 码 0 件，L 码 2 件，XL 码 1 件。根据天气情况这款产品还有三个星期的销售热度，这个时候想要补货，除了补齐零库存的号码，其他热门号码也应当适当增加，最终补货后的数量如下：M 码 4 件，L 码 4 件、XL 码 2 件。

在此，笔者与各位店长再分享一个补货的公式：

$$补货数量 =$$
$$(订单间隔 + 在途天数) \times (日预测使用量 + 日安全库存) - 可供货库存$$

公式中的要素含义：

①订单间隔：平均订单频率。

②在途天数：下单与货物到达之间的天数。

③日预测销量：预估的每日理想销量。

④日安全库存：为确保销售设定的库存数量。

⑤可供库存：当前库存可销售商品数量。

在这个补货公式中，日预测使用量与日安全库存是两个非常重要的影响因素，尽管能够根据过往的销售数据通过科学的计算公式给出合理的建议，但是这两个因素会因为市场、气候、季节、事件以及促销等原因而改变，因此补货人员还需要具备敏锐的市场洞察力以及丰富的经验，同时与采购人员保持良好的沟通，在补货公式给出的建议订货量的基础上进行适当的调整来确定最佳的订单补货数量。

机会是给有准备的人，好的销售额是来回报勤劳用心的人。做好补货，做好货品管理，高额销售目标自然顺利达成！

03 店铺货品盘点流程

店长定期进行货品盘点，一方面可以了解库存数量，另一方面也能检查货品是否出现失窃等情况，保证店内货品安全。通常来说，门店需要每月盘点 1~2 次，一般为月初或月末。

与此同时，总部也会定期要求店长进行货品盘点，并上报数据。对于总部的要求，店长应接到通知后的当晚 9 点后进行盘点，以不影响白天的工作为第一原则。对每一个货品进行细致扫描，确认价格、数量、货品编码无误后，对数据进行再次审核，然后将相关报表发送至总部。

当然，货品盘点并非这么简单，还需要遵循科学的流程，并做好细节工作，这样才能保证数据的精准。

1. 货品盘点流程

无论我们的门店属于哪一种类型，在进行货品盘点时，都要遵循以下流程：

①盘点前五日，召开盘点会议，店长组织安排盘点事项（告之员工盘点时间，盘点人员安排）。

②盘点区域划分：店长根据门店实际情况进行分区，以每组货架为盘点单位，对每个货架进行编号。

③各门店在盘点前需做好账面清理工作：所有内调、直配、退货单据录入完毕，并跟踪审核情况（所有单据盘点前必须审核完毕）。对所有有单无货、有货无单等情况应及时查明原因予妥善处理，保证在盘点前完成账务处理，做到账账相符、账单相符。

④盘点前一天，所有残次品处理完毕，能退的打退单，不能退的做报损处理。对未清理完毕的残次品进行归类，并摆放整齐。

⑤所有退货商品应退货完毕，暂时无法退货的商品应进行标识。

⑥对内仓、地堆及货架上的商品进行全面整理及清扫。

⑦对赠品单独进行清理并加标识。

⑧清理门店内的死角及货架底层。

⑨商品必须整齐摆放，一物一卡，物卡对应，同一代码商品必须放在同一位置（区域），以免清点时发生遗漏。

⑩盘点表抄写：商品整理完毕后，按货架顺序进行"S"形抄表（从左到右，从上到下）。盘点表格一式两份。表格内容有"商品代码、商品名称、售价、金额、数量"其中代码、价格、必须清楚，商品名称必须完整准确：包括品牌、属性、名字、规格、包装。

⑪盘点表抄好以后，一定要进行交叉核对、检查。

以上这些流程必须严格遵循，确保每一个细节都万无一失。在货品盘点阶段，店长尽可能把其他工作先放下，全身心投入，这样才能保证门店数据精准，为接下来的营销策略提供详细的数据支撑。

2. 货品盘点的注意事项

货品盘点工作至关重要，容不得半点疏忽。在进行此项工作时，店长必须注意以下这些事项。

①重点工作交由老员工负责。新员工对于门店内的货品摆放可能存在并不熟悉的情况，容易造成失误，所以应当让老员工主导，新员工进行配合。

②明确分工。货品盘点工作涉及大量的数据统计、扫描等工作，同时还需要取货、理货，所以必须明确分工，避免一项工作多人进行、一人进行多项工作的统计，否则很容易出现数据统计失误。明确每一个人的职责，这样才能保证数据准确、避免漏盘。

③尽可能避免临时进出货。为了避免数据交叉、返修、物流等问题影响盘点的准确性，门店在进行盘点时尽可能让货品处于静止状态。这个阶段的进货，尽可能由其他人专项负责，避免数据出现混乱。

04 货品库存管理与防损管理策略

对于进入仓库的货品，同样要做好管理，保证其可以快速进入门店销售展位；同时，店长还应注意采取防损管理策略，保证货品不会被随意破坏。

1. 货品库存管理制度的建立

为了保证货品库存科学合理，店长应当建立完善的货品库存管理制度。该制度应当包含以下内容。

①仓库内的存货必须封箱，严禁将散货存放在仓库内。

②商品不得摆在通道上，并进行区分：需要很快上架的货品在一起，需要退换的货品单独归类。

③仓库商品的存货面积应根据商品的销售情况、季节变化情况、促销准备情况来划分，仓库商品实行定板定位存放。

④每一件货品都需要标注标识牌，保证标识牌与存货商品完全一致。

⑤为了保证货品不会受损，在堆放商品时，应当将耐压及有包装的商品放在下面，易碎的商品放在上面。

⑥尽量避免阳光直接照射，同时为了防潮，也不宜直接放在地上。仓库内应当搭建货架或垫板，保证货品摆放整齐。

⑦取货时，应当按照"先拿上方再拿下方"的原则，严禁从中间抽取。取完货品后，应当及时将其他商品按照规定还原位置。

⑧禁止任何人坐踏商品，如果有人违反应当给予处罚；货品产生损坏的，还应照价赔偿。

⑨存货应确保"同种商品纵向摆放"，即保持列内外商品一致，一列摆满另起一列。单品存货量不足以摆满另一列，则应放置在最里面，所剩位置可摆放其他商品，但不可遮住里面的商品。

库存是影响门店运营成本的关键因素之一，只有实行长期监管、实时监管、动态监管，才能保证库存产品处于合理范围，确保门店的良性发展。

如果条件允许，店长还应采购更为先进的智能 ERP 仓库管理系统。新型的 ERP 库存管理系统可以实时监控库存数据，一旦发生变动，会立刻将数据传输至 App 或电脑端；同时，它还可以设置商品的最小备货量、最大存货量，当库存不足或者积压过多时，软件就会自动开启报警功能，提醒你货物不足需要去采购，或是积压过多要进行处理。

这样一来，店长对于货品库存管理的效率会大大提高，并且更精准，避免人工统计的疏漏。

2. 防损管理策略

做好库存防损管理，同样可以实现有效控制成本的目的。尤其对于规模较大的门店而言，防损管理意义更加重大。对于店长而言，必须保证以下这些工作，以此实现库存防损。

①确保仓库干净、整洁，按照法律规定进行防火设施搭建，定期进行杀虫、灭鼠。

②重点、精品类货品，需要 24 小时进行监控保护。

③仓库由专人进行保管，库存管理卡填写完整、准确，任何人进出仓库都要登记信息，写明原因、时间、所取的货品。

④仓库商品码放整齐，并按照先进先出原则存放。

⑤仓库必须做好防水、防潮的工作。如果条件允许，应当在仓库内配备除湿机，降低空气湿度；或是定时打开空调除湿功能，加速仓库的空气流通。此外，店长还应当定期委派专人放置干燥剂，如店内的墙角、货架下面等位置。

第 14 章

做不好成交管理，销售目标难达成

唯有成交，才能实现自身最大的价值，才能提升门店的业绩。店长虽然贵为领导，但同样需要奋斗在销售的第一线。因此，店长同样应当不断提升自身的营销技能，并将这些经验传授给自己的店员，这才是对自己最大的肯定！

01 成交高手的 13 个追求

店长同样是销售员。与普通店员不同的是：店长更应当成为金牌销售员，成为成交高手，成为所有店员的榜样。所以，店长必须要有更高的追求，塑造独特的领导气质。以下这 13 个追求，是成交高手都会遵循的，作为店长的我们，也必须树立这样的心态。

1. 我喜欢成交，我才能做好成交

成交高手喜欢看到顾客结账的样子，所以在与顾客交流前，我们要有这样的心态："来吧，与我成交吧！只要对你有帮助，立刻刷卡！马上行动！"带着这样的心态，才能全身心投入销售工作之中。

2. 新客进来，绝对不能让他空手出门

要让每一名顾客都产生购买，这样自己的工作才不至于白费！好不容易来一趟，出去了可能会一去不复返，所以，我们必须促成每一名顾客产生消费，引导顾客进行购买。

3. 先求成交率，再求成交额

先保证成交率，让顾客多购买，再求高成交额，这样我们就不会流失任何一名顾客。成交率比成交额更重要，做生意就是要慢慢过滤，如果有 10 个顾客进店，有 8 个选择购买，那么我们就是成功的！做好成交率，我们可以将这些顾客转化为回头客、门店介绍员，那么高成交额自然不请自来！

4. 顾客当天消费哪一个项目，就先深挖成交的那一个项目

一定要了解顾客的消费欲望、消费痛点，不要贪大求全。要精准针对顾客的需求进行攻坚战。不贪就会有量，给顾客留下好的印象，那么就会获得无数转介绍、重复购买的机会。

5. 每一次成交，没有让顾客心跳的服务就不要开口

一定要让顾客感到服务超值。我们要做好所有的细节，从进门的嘘寒问暖，到对顾客的有效建议，一定要让顾客感到舒服。否则，我们急着促成成交，会让顾客感到"自己被坑了"，那么自然会碰壁。

6. 价值不到，价格不报

一定要了解顾客的需求是什么，购买产品的目的是什么。给自己？给家人？送朋友？不同的目的，有不同的价值。例如想要送给朋友的礼物，一定要格调满满、充满关怀的气质。不知道顾客的价值需求一味推荐，即便价格再便宜也不会打动顾客。

7. 测试不到，不能成交

一定要进行试探性的测试，了解顾客的真正需求。例如，我们可以这样询问顾客："我们下周将会举办大型促销活动，您想了解一下吗？"顾客表现出强烈的欲望，意味着他对此充满兴趣，此时促成成交才能百发百中。

8. 每一次的成交都要有赠品

赠品的作用，是给顾客带来意想不到的惊喜，这会让顾客加快成交速度，加大成交金额。所以，店长必须做好赠品设计。以下这些赠品，都能起到非常好的促销作用。

①适合他的体验项目。

②带客的卡。

③能增加顾客消费频率的卡。

④帮助附近商圈拓客的卡（如电影院卡、理发卡）。

⑤可以马上带走的实物，注意不要标注赠品。

9. 多用二选一的方案

不要只给顾客一个选择，这样他很容易选择"不购买"。我们要多使用二选一方案，让顾客只能选择购买 A 或购买 B。例如，顾客正在犹豫是否选择消费 198 元，这时候我们要给出这样的暗示：这个价格，可以选择买四次送三次体验，或是今天直接获赠大礼包。这样，顾客更容易选择购买。

10. 成交时一定要给顾客算账

一定要让顾客感到放心、安全，成交时要让顾客看明账单，帮助顾客算账。今天购买会节省多少钱、再加多少钱就可以获赠附加服务……这些都要在计算器上让顾客明明白白地看到。

11. 店里必须要有一本手工资料本

告诉顾客每天只有 20 个名额，如果不抓紧时间，那么这些名额将会很快被用完。

12. 对于今天成交的顾客，下两次不允许成交

对于回头客，不要做出"你必须消费"的姿态，会让顾客反感。适时让顾客无法成交，休息两到三次，然后在其他时候向顾客提供最优质的服务，反而会让他们更加信任我们。

13. 让顾客有参加抽奖的机会

给予顾客惊喜，让他们有参与抽奖的机会。我们可以向顾客提供抽奖箱，并对抽奖箱进行不同的设置：

1 号抽奖箱：针对成交完之后的抽奖活动，可以多准备一点赠品，增强仪式感。

2 号抽奖箱：针对不续卡的客户。奖品会比平常多一点，让他们感受到实惠，愿意继续到店里消费。

3 号抽奖箱：针对还没有进行任何消费的顾客，抽到的全部都是项目优惠券、代金券、折后券，刺激其进行消费。

02 铁定成交的八个流程

要想实现高成交率，即便身为店长，也要掌握相应的技巧。以下这八个流程，当店长能够运用自如后，还要传授给其他店员，这样就能做好成交管理，保证门店业绩不断攀升。

销售一段：引起顾客的注意

顾客走进门店，意味着我们已经有了获得成交的关键第一步。这个阶段的顾客，往往没有特别明确的指向性，对商品的购买欲望很低，只是随意浏览。这个时候，我们要引起顾客的注意，让他产生兴趣。

"先生，您是想购买剃须刀吗？我看您在这个货架前看了很久。我们新到货了一款飞利浦的产品，这款产品使用了目前最先进的技术……"

短短的几句话，就会立刻让顾客找到店内的亮点。店长必须时刻关注顾客的目光，及时解说。

销售二段：展示产品的亮点

进入第二阶段的顾客，会对产品产生好奇心。某些顾客此时会问："这个多少钱？"此时，最忌讳的是直接回答顾客价格。因为顾客对产品仅仅只是停留在好奇阶段，认知程度较低，此时报价很容易吓跑顾客，产生负面影响。最有效的方法，是继续阐述产品亮点，激发顾客的兴趣，提升产品的可信度。

> "先生，我和您说下这款产品的特点。它采用目前全球品质最高的钢材做刀片，像吴彦祖、布拉德·皮特等都是这款产品的用户。这里有试用版，您可以先试一下……"

从品质、明星用户到试用体验，多个角度展示产品亮点，让顾客进一步加深对产品的认知，会大大提升顾客好感。尽可能给顾客体验的机会，如果只是听销售人员解说，感知程度可能只有10%，而触摸、演示、试用可以使商品感知度达到90%。

销售三段：引导顾客进行联想

对于已经对产品产生好感的顾客，我们要积极引导顾客进行联想，让他产生"晕轮效应"，认为这款产品就是为自己设计的，对我们的提议和设计方案深信不疑。

> "小姐，这种房型的设计，就是为了您这样的企业高管而设计的。想想看，当我们走进家门，左手有鞋柜，右手有特别的文件柜，放下东西向前走两步，就可以从酒柜上拿出珍藏的威士忌，酒柜还内置智能 Hi-Fi 音响，可以立刻打开慵懒的爵士乐……"

通过这样的引导，顾客会产生强烈的联想，幻想自己身在其中的场景，大大提升购买欲望。

销售四段：提升顾客的欲望

如果顾客已经表示出喜欢，但还没有购买的直接动力，意味着顾客进入"心动但不行动"的阶段，最突出的体现就是开始询价，但一直没有做出决定。这个时候，我们要进一步提升顾客的欲望：

①"提升价值型"价格解释法：用更深入、更专业的语言说明商品的选材、设计、做工都是最佳、最优、最好的，说明物有所值。

②"加深需求型"价格解释法：解释这款商品价格要高一点，但是它能解决顾客非常重要的问题、满足非常迫切的需求。

销售五段：引导顾客收尾

这个阶段的顾客，会不断针对价格等问题进行交流，店长与顾客进入拉锯战。这个阶段，是促成交易的最关键一环，店长不妨借助一些小技巧，引导顾客收尾：

①暗示。潜移默化地影响顾客，让他在 AB 之间选择。例如："我给您做两个方案，这样您的选择也多一些，即便都不合适也没关系，我们还可以继续做。"这种 AB 选择法，往往让顾客无法拒绝，它礼貌且具有暗示性，非常容易促成成功。

②最后通牒。制造危机感，让顾客明白如果不做出决定，很有可能与产品擦肩而过。例如，我们明明知道这款产品还有库存，但还是会表现出煞有介事的态度，说："我让同事帮忙查一下，看看这款产品库存量还有多少。"五分钟后向顾客表示："还好，还有库存，您放心。不过库存数量不多了，我估计两天内可能会销售一空……"

销售六段：消除顾客的疑虑

有一类顾客，会有一定的选择困难，依然拿不定主意，甚至还会挑毛病、推说自己不着急，渴望价格下调。事实上，这样的顾客反而更容易促成成交，因为他们已经决定了购买。这个时候，我们可以针对他提出的意见逐一解答，消除顾客的疑虑：

"您对安全问题很关心，我们特别理解。所以我们店提供延长一年的质保。"

"这个价格，您可以在同类产品里做对比，一分价钱一分货，高品质的产品无论用料还是设计，都是精品，这已经是给您的最低价。"

消除掉顾客的疑虑，那么他就会顺利选择购买。

销售七段：关注后续服务

如果顾客已经决定购买，那么他此时开始关心售后服务，咨询各种关于寿命周期、退货、保修的问题。对于这样的顾客，我们要做的事情很简单：将所有后续服务全部写在纸上，让顾客一一过目。顾客需要的就是一个承诺和保障，只要我们敢于正面应对，理解顾客的焦虑，做出诚恳的售后承诺，顾客就不会流失。

销售八段：永远用微笑面对顾客

无论顾客表现出怎样的情绪，我们都要用笑脸回答顾客的所有问题，即便问题与产品本身无关。这样做的目的，就是给顾客留下好印象，让顾客从单纯的购物行为，转化为"人际建设行为"——我们能够以正面的姿态面对顾客，会让顾客如沐春风，他会将我们推荐给其他客人，形成口碑传播。做好这一点，也许我们在第五个流程，就已经完成工作！

有经验的成交高手，会把自己的联系电话给顾客，请对方有问题可以随时咨询，并请顾客留下电话号码，定期回访，及时解决可能发生的问题并送上小礼物一套，欢送顾客离店，这都是做好服务的体现。

03 成交高手都在用的成交语言技巧

与客户进行细致的交流，赢得客户的好感，都是为最终成交而做的铺垫。那么，到了最后临门一脚，我们该如何使用巧妙的语言，快速促成业务成交？

1. 从众成交法

如果顾客表现出忧虑，尤其是没有使用过我们的产品，表现出犹豫的状态。这个时候，我们不妨采用从众成交法，打消他的疑虑。

小姐，我特别理解您的心态，毕竟化妆品要在皮肤上使用。但为什么我向您推荐这一款呢？就是因为它有非常高的市场使用热度，您可以看我们的业绩表，这款产品名列前茅，每月销量都在数百套，如果有问题，那么恐怕我们店现在都已经被围得水泄不通了。更何况我自己也在用，您看，我出现什么问题了吗？大家的口碑说明这款产品值得信赖，所以请您放心购买吧！

2. 惜失成交法

越是得不到、买不到的东西，人们往往会觉得它越是珍贵。所以，我们要让顾客意识到：这款产品非常紧俏，利用顾客"买不到"的心理，促使顾客做出决定。

先生，这款红木家具您已经看了好几次，我相信您也在其他店看过类似的。红木家具这些年不断升值，因为它的原料越来越少，工艺技术也越来越复杂，再等下去一定是更贵。这款产品我知道您关注了很久，所以特别向总部申请了这个价格，作为店长，我能给予您最大的让步就是这些。如果您还无法做出决定，也许明天它就会被卖掉，已经有不止三个顾客找我想要购买。因为您是第一个咨询的，所以我一直答复已经预定，但我无法做到永远为您保留……

3. 小点成交法

顾客想要购买，但依然下定不了决心，这个时候，我们可以建议顾客先购买少许试用，等到满意后再考虑购买更多。这种方式尤其适合团体型顾客。

先生，您看这样是否可以？因为您是需要团体购买，但又担心效果不好，我作为店长可以给您一个特别的服务：以团购价购买三款，您试用后觉得满意，再以标准数量购买。当然，因为我是店长，所以才有这个权限，其他店员是不可能这样做的。这是我的诚意，您如果觉得这个建议合理，咱们现在就可以签约。

4. 解决问题法

顾客之所以犹豫，很大程度上是因为没有完全想好自己的问题该如何解决。所以，我们要帮助顾客解决问题，将顾客关心的事项按主次排序，然后根据顾客的实际情况把产品的特点和价值与顾客的关心点密切结合起来，让顾客看到问题能够很快迎刃而解，这时候他自然会选择合作。

小姐，您别着急，咱们买东西，就是为了解决问题。请您和我一起到贵宾区，我拿笔纸将所有问题写下来，然后咱们一一分析，即便您不购买我们的产品，我也愿意帮助您解决问题。您看，您的第一需求是×××，第二需求是×××，这两个需求其实可以按照这样的顺序来满足……

做好成交语言的训练，你就是称职的门店店长，是所有店员学习的榜样。

04 如何让回头客加倍成交

随着新顾客多次到店消费，他们已经与我们建立了深厚的情感互动，已经从一名新顾客转化为回头客。回头客是门店最重要的顾客群，他们既可以提升销量，也可以不断为门店介绍新顾客。那么，该如何服务好回头客，让他们在未来加倍成交？

1. 针对回头客的优惠促销

针对回头客，我们应当推出特别的优惠促销活动。这样的活动可以是多样化的，比如打折、减免、赠送等。得到优惠是一方面，关键在于让回头客感受到不一样的待遇。比如汽车门店，在重大节假日前对回头客推出免费洗车业务；美妆门店，针对回头客可以进行爆款产品优先购买、折扣购买等活动。目前，多数门店都会采取计算机管理软件进行顾客管理，我们要及时将顾客信息、购买次数录入，提高管理效率，让顾客不断感受到门店的优质服务。这样，他们就会选择加倍成交。

2. 熟悉回头客的习惯

对于回头客，尤其是对于服务类型的门店来说，店长必须做好回头客的习惯采集，不仅要记住回头客的身份和姓名，还要仔细观察他们的性格、喜好、习惯，甚至还要记住他们平时喜欢坐的位置、玩的项目等其他方面细节。这样，当我们进行新品推荐的时候，就可以有的放矢地针对回头客提供服务。

郭店长是一家民宿餐饮的店长，这天看到有三名回头客来到店里。于是，她走到三人面前，说："孙先生、刘先生、马先生，又来就餐了？我看下，你们爱去的 3 号屋没有人。"

孙先生："郭店长，您记得我们爱去3号屋呀？是不是连我们的就餐习惯也记得呢？"

郭店长："这是自然！上周我们店刚刚推出了水煮鱼，我记得刘先生喜欢吃辣，这道菜您可一定要尝尝！"

刘先生："真是个厉害的店长，过目不忘呀！我说过，这家店让我特别舒服，以后还要常来！郭店长，咱们店会员是怎么加入的？等下和我说下，我充值！"

能够记住回头客的习惯，并提供有针对性的服务，郭店长的这种服务自然会让顾客对门店留下极佳的印象，并主动购买。很多时候，人购买的是一种习惯、一种场景。所以，必须提高门店的精细化服务水平，让回头客愿意在门店内长期源源不断地消费！

05 如何让 VIP 顾客主动成交

作为店内最重要的顾客群，VIP 顾客往往意味着高频率、高额度的消费。服务好 VIP 顾客，一方面可以有效促进门店的销售业绩提升；另一方面，还可以借助 VIP 的影响力与口碑传播，不断吸引新顾客走进门店。所以，店长必须针对 VIP 顾客进行更为细致的管理，引导 VIP 顾客主动成交，全方位提升门店的业绩。

1. 提供差异化服务

店长必须对 VIP 顾客提供差异化的服务，让他们感受到区别的服务对待，满足他们的内心荣誉感，这样才能让顾客愿意主动消费。

为了服务好 VIP 顾客，新到任的柯店长在门店内推出了这样的 VIP 活动：为 VIP 顾客提供绿色通道，VIP 顾客可以不用排队，到专属柜台结账；同时，VIP 顾客能够享受门店微信公众号的特别服务，第一时间享受新品体验，并能够免费送货上门。同时，季度消费满 10000 元，还可以享受门店组织的青岛游服务。VIP 活动的推出让门店销量激增，还有不少顾客咨询如何成为 VIP 顾客。

柯店长知道 VIP 顾客最想要的是什么满足他们的需求，他们自然就会愿意主动消费。多数情况下，VIP 顾客的收入较高，只要能够让他们从精神上得到极佳的反馈，就更容易促成消费。

2. 为 VIP 顾客提供精准化的服务

为了进一步体现对 VIP 顾客的重视，同时提高成交率，店长应当为 VIP 顾客提供竞价精准化的服务，例如为顾客制定消费、采购方案。这份方案应当是为 VIP 顾客独家制作的，同时应当建立"提前沟通机制"，VIP 顾客只要先期电话确认购买方向与内容，门店就会委派专员进行方案制作。顾客来到门店，可根据方案进行精准交流，提高了沟通的效率，并展现出门店的专业性。甚至店长还要多关注 VIP 顾客的朋友圈、微博等。

来看这样一则案例：

某天，孙先生来到自己常去的一家男士品牌服装店。他是这家店的 VIP 顾客，所以会经常光顾。刚进门店，一名店员就迎了上来，说："欢迎您孙先生。这次您应该是想看下西服外套是吗？"孙先生有些惊讶，说："你怎么知道？"

店员回答："我们店长说，前几天看到您在朋友圈发动态，表示西服不小心被扯破了。店长说，像您这种身份的人，一定会很快再买一件新的。所以她让我们为您做好这方面的准备，您是我们的 VIP 顾客，我们对您的习惯有了一定了解，也知道最适合您的尺寸。店长正在办公室，我带您去见她，她已经为您做了好几套设计。"

孙先生听完店员的话，由衷地竖起大拇指："这样的服务，我不买都对不起自己！"

VIP 顾客需要的就是极致体验，在顾客还没有想到需要什么时，我们就已经为顾客制定了最适合他的方案，让他无法拒绝！每一位店长，都应学习这样的服务心态，让 VIP 顾客走进门店即可感受到回家的温暖，成交量就会节节攀升！

第 4 篇

会议系统：
会开会的店长
才能快速复制自己

店长通常都是店里最优秀的员工，那么，该通过哪种手段快速复制店长，让每一个人都成为优秀员工？毫无疑问，就是通过一轮轮的会议，让店员从内心认识到工作的重要性，掌握更多技巧。同时，店长还需要不断充实自我，并将自己的经验分享给所有人，以此提升成交业绩。

第 15 章

会议管理：开会是达成结果的最有效手段

早会、夕会、周会、月会、业绩分析会……身为店长，我们必须不断通过开会激发每一名店员的状态，制定全新的目标。所以，店长必须掌握开会的技巧，建立完善的会议系统，这样才能不断培养出优秀的店员。

01 什么是万能会议流程

开会几乎是每个店长每天都要经历的工作。会开得好、开得巧，就能有效调动所有店员的积极性，发现门店存在的问题，第一时间进行纠正，并点燃店员的士气；反之，所有人不仅没有拧成一股绳，反而给门店带来负面的影响。

这样的案例，不在少数：

小王是一家餐饮门店的店长，他特别热衷于开会，每天都要花半个小时到一个小时开全员大会。但是，让小王无法理解的是：自己每天都在鼓励大家，说了好多话，可是似乎每个人都无动于衷，只是机械地鼓掌。一个月下来，不仅没有收到什么好的效果，反而还造成了时间浪费，后厨总是抱怨时间不足；甚至还有几名员工选择了辞职。临走前，这几名员工无一例外不表示："王店长，您是一个想要做出成绩的店长，我们特别理解。您每天都在开会，可开会的内容不是与工作本身无关，就是经常自相矛盾，我们也不知道该怎么做才对，所以，只好选择离开。"

类似这样的店长不在少数：热衷于开会，善于侃侃而谈，但却没有条理——开会无逻辑、无重点，天马行空。这样的会议，不仅不能起到动员的作用，反而会让店员产生困惑，影响整个门店的销售策略、士气。

那么，如何才能有效开会？这里，我给大家分享一个"万能会议流程"，做好这十个流程你就会发现：开会是达成结果最有效的手段。

万能开会流程第一步：

先不要急着给员工开会，我们要先给自己开个会，问自己三个问题：

①开会的目的是什么？

②开了能不能帮助到员工？

③多久会有效果？

之所以要给自己开会、给自己提问，就是为了让自己先理顺开会的逻辑是什么、重点是什么、要给店员传达的核心思想是什么。笔者有一个店长朋友的方法，非常值得大家学习：

徐店长每天都开会。他每天都会提前半个小时来到门店，在办公室里写下这几个问题和答案：今天我要开会的内容是什么？哪些内容是重点，会给店员带来最直接的帮助？如果他们疑问，有可能从哪几个角度提问？

有了这样清晰的逻辑，徐经理每次开会都没有拖泥带水，半个小时内就会结束。而店员也都全身心投入，不断进行记录。很快，这家门店中诞生了三位大区销售冠军，成为品牌的明星店铺。

万能开会流程第二步：

厘清了开会的逻辑和内容后，还应当提前将相关信息以"文字＋图片＋视频"的形式发送给所有店员。店长可以自己在群内进行发送，也可以委托店长助理进行发送，并要求每一名店员在收到信息后回复确认。尤其对于重要的培训会议，信息内容应当包括时间、地点、内容、听众收获、参会人员等，让所有店员提前做好准备。

万能开会流程第三步：

在会议正式开始前，我们还应当准备好相关工具和资料，如白板、笔、PPT，以及需要进行展示的图片、数据报表等。如果会议在较为正式的场合进行，还应提前一天让店长助理做好场地的准备，包括专业麦克风、音响设备、视频设备等。

万能开会流程第四步：

会议必须要有主持人。门店的内部会议可以邀请店长助理作为主持人，也可以店长自己做主持人。主持人的作用，就在于介绍主讲人、调节气氛、讲解规章制度、巧妙串联不同环节。

张店长："今天咱们这个分享会特别有意思。咱们店里很多人问过我这样一个问题：客户为什么要买我的东西？我想，也许是我特别漂亮，让他魂不守舍？也许是我能说会道，夸得他找不到北？哈哈，我看见有人笑了，对，销售可不是这么简单。所以这次，我们邀请到了一位专家来给大家讲述如何打动客户！现在，我们掌声欢迎这位专家，她就是……我！"

张店长这种风趣幽默，同时又环环相扣的开场主持，很容易打动在场的店员，所有人会将注意力快速集中到店长身上，然后开始投入学习。这就是主持人的功劳，如果没有吸引人的开场，直接进入正题，店员没有过渡，自然排斥接下来的内容。

万能开会流程第五步：

会议开始时，主持人或店长本人一定要上台感谢所有店员，让他们感受到被尊重；然后，用一个与主题相关的故事开场，引导店员进入学习状态。不要一开始就讲产品、讲技巧，它会给人带来负面的情绪，认为这是一场枯燥的学习。

"首先，谢谢大家可以在今天参与这个会议！你们中的很多人都有一个梦想：想成为店长，成为管理层。曾经的我也是一样。初进门店的时候，我也是一个小女孩，什么都不懂……

假如接下来的 2 个小时，我要把过去浓缩了 12 年的经验，至少价值 100 万元的成交系统，毫无保留地分享给你们，你们会投入多少分贝的欢呼声呢？

我想听听你们投入的声音！你们的欢呼声越大，我分享的就会越多，你们的欢呼声越精彩，我分享的内容就会越精彩！"

这样的故事开场会大大拉近店长与店员的距离，让他们沉浸于故事之中，感同身受。这样一来，随后的内容他们也愿意接受。

万能开会流程第六步：

当店员都已经进入听课状态，这个时候不要再讲过多的废话、绕话，而是应当直接切入主题，告诉他们的本次会议的主题是什么，如"十个成交九个的成交方法""实战促销36计""感动客户100招"等。会议主题越直白，越能够让他们投入；反之，过于文学性的会议题目，会让店员摸不着头脑，兴趣大大降低。

万能开会流程第七步：

开会的途中，店长还要和听众进行紧密的互动，包括以下这些方面：

①声音互动。

②动作互动，鼓掌互动。

③举手互动。

④拍肩膀互动。

⑤随时突击检查互动。

⑥一个小时一定要起立一次。

最忌讳的开会方式，是店长一个人在台上埋头念稿，完全不管下面的反馈。这种"填鸭式"的开会方式，不仅不能让店员学到有价值的内容，还会让店员给你贴上"教条、刻板"的标签，实际工作中不愿意接受你的管理。

万能开会流程第八步：

在会议开始前，我们就要设计好整场会议的节奏，包括内容、语调、语速等。万能会议流程里，有这样一个数据：

①没有内容之前，内容占100%。

②有内容之后，内容只占整体会议的7%。

③语气语调的节奏，声音快慢的抑扬顿挫，占整体会议的38%。

④肢体动作、面部表情，控场节奏占到整体会议的55%。

我们经历过各种各样的会议，哪些会议给我们留下了深刻的印象、让我们收获颇丰？就是那种主讲人幽默得体、注意控制节奏的会议。适当的时候夸张讲述，动情时甚至流下眼泪，引导所有店员进入相应的场景中，那么这场会议自然会取得明显的效果。

万能开会流程第九步：

店长讲完开会的内容，不等于这场会议就此结束。为了保证会议的内容真正得以传达，我们还要邀请 3 ~ 5 个人走上讲台，分享学习感悟。不必苛求他们重复内容，而是让他们去说，自己获得了哪些方面的收获。而对于其他未上台的店员，我们还要布置作业：回去写不少于 300 字的总结，以此巩固学习效果。

万能开会流程第十步：

万能开会流程的最后一步，是先固化再优化：每次培训会之后就是训练会，再之后就是考核、监管、PK、奖罚，最后就变成流程。让每一名店员理解会议的目的、学习其中的技巧，并能够灵活应用，那么这场会议才是有效的。

做好以上十步你就会发现：开会不再是难题，它是每一名店员自我提升的最佳途径，是快速复制自己的最优手段。

02 早会如何开更有激情

多数门店每天都会召开早会，由于每天进行，久而久之不免会给店长带来纠结：早会如何开才能更有效，如何在清晨就点燃店员的激情呢？每天都说一样的话，不要说店员，恐怕连店长自己都会感到厌烦。

该如何解决早会无效的问题，如何充实早会内容？这是店长应当去学习和掌握的。以下的早会流程与内容组成，是笔者多年来总结的经验，只要能够积极学习、灵活应用，那么就会让早会更有意义。

（1）店长每天必须在早会开始前早到 15 分钟，即使迟到 1 分钟也必须比普通员工多罚 5 倍。

制定这一规则的目的，就是为了让店员看到：店长也必须遵循规定。而为了让他们更加深刻地理解这一点，必要时店长可以故意迟到 1~2 次，并主动对自己进行处罚。

（2）早会开始时，首先由店长发言，设定自己当天的目标，让店员进行监督。

（3）轮流让员工带队开会，在台上展示。这样做的目的，就是为了让每个人都重视早会，给一天开一个好头。同时，也让带队员工去找店里目前存在的问题，这是给予他荣誉感的过程。在这个过程中，我们还可以观察每一名店员的潜力，为店内的管理层选拔人才。

小李："今天是我第一次主持早会，谢谢大家支持。今天我的任务，是成交三名客户，然后与一名老客户进行交流。店长，我有一个小建议，可否在咱们门店的门口放一块地毯？预报今天有雨，这样一来店里就不会湿漉漉的，而是让客户觉得咱们很贴心。"

这样的锻炼机会对于每一名店员都是非常宝贵的，早会不再是店长一个人的"舞台"，每个人都能成为主角，针对工作、门店的发展提出宝贵建议。

（4）当日工作分配完毕后，店长还应带领员工进行销售技巧的训练，尤其应当侧重与客户的交流。以下这些内容，店长可以分配到一个月里，每天让店员进行训练：

①您的气质真好，一走进来我就注意到您了。

②您的形象真好，如果不是因为怕对您不礼貌，我的眼光都不想移开了。

③您真漂亮，我的眼球一下子就被您吸引住了。

④您的发型真好看，跟您的气质特别搭配，特别适合您的气质。

⑤您的眼镜（配饰）真特别，跟您的衣服很搭配。

⑥您真会穿衣服，搭配得真好看，您一定是个很讲究品位的人。

⑦您的身材真好，我们同样是女人都忍不住想多看您两眼了。

⑧您的直发真漂亮，又黑又亮真让人羡慕。

⑨您这条裤子（裙子、衣服、外套等）真特别，非常与众不同。

⑩您看起来真是稳重大方，您一走进来就觉得您特别大气。

⑪您的打扮真时尚，刚刚我们同事还在说，真想让您教教我们呢。

⑫您的打扮真时尚，走到哪儿都是亮点。

⑬您的气质真特别，让人感觉特别的舒服。

⑭您的形象真好，看您的穿着就知道您一定是个非常讲究品位的人。

⑮看您注意的产品就知道您的眼光比较独特。

⑯您的眼镜真特别，尤其是搭配您的脸形特别引人注意。

⑰您真有亲和力，我们都特别喜欢给您介绍产品。

（5）为了活跃早会的气氛，店长在每天的早会结束后，还可以组织一些的娱乐活动，如跳绳比赛、踢毽子比赛、唱歌比赛等。运动，会加快体内荷尔蒙的分泌，激发一个人的激情与热情，这种锻炼既是调节早会气氛的方式，也是让每一名店员"动起来"的有效方法。

（6）一日之计在于晨，能够有效利用早上的时间，会大大提升店铺的业绩。所以，在早会结束前，店长要协助店员规划接下来两个小时的工作安排，并快速投入工作。

（7）开完早会接下来马上就要开"会后会"，这个会议不必要求全体店员参加，而是应当由店长、店长助理和部分管理人员组成。会后会的重点，是对每个人的当日目标进行统计，并分析是否合理；如果不合理，可以找店员单独进行交流。所以，会后会必须控制节奏与效率，快速分析问题、解决问题。

做好上述这七步你会发现，每一个早晨都非常充实，每一次早会都会给所有人注入激情！

03 夕会如何开更有收获

每天下班前，店长需要召集店员开夕会。相对于早会时每个人的朝气蓬勃，经过一天的工作会出现部分店员收获满满、部分店员未能达成目标意志消沉的情况，我们必须根据这个特点召开有针对性的夕会。

1. 验收当日工作成果

夕会时，应当对照早会时每个人的目标，看其是否完成了自己的任务。对于当日工作目标达成的员工要给予表扬，对于未达成目标的员工要促其反思。若团队整体目标达成则要有"欢呼"动作，若未达成则要有"检讨"动作。

需要特别注意的是：对于未完成目标的个人，不要做出任何有辱人格的行为，如体罚、辱骂等。这种不当的处理方式，不仅不能给人带来积极的推动，反而会让店员认为自己不受尊重，产生强烈的负面情绪。

2. 经验分享

对于顺利实现目标的店员，在送上祝福的同时，还应进行经验分享。一方面，这样可以鼓舞士气，通过经验分享，让员工明白，别人可以做到的你同样可以做到，自己缺乏的只是一些技巧；另一方面，则是将成功的经验传达给每一个人。尤其应当尽可能详细地描述当时的场景，重点放在客户提出了哪些疑虑，销售人员是如何有效解决的，客户最终由于什么原因做出了购买决定。描述得越有声有色，越有助于让其他店员学习到其中的技巧。

"今天的这个客户，与过去的那些客户都不一样。一开始，他一句话也不说，甚至脸上还带着点愠色。见此，我没有着急和他交流，而是倒了一杯水给他，说，'先生，今天天气不太好，您先喝点热水。我看您有些疲倦，如果累了可以在我们休息区休息。'这时候我看到，他似乎有点意外。

"我始终和他保持有五米的距离，但没有刻意进行交流，通过他的着装判断，这是一个社会地位较高的人，一定有自己的想法，而不是被别人左右。过了20分钟，他主动找我咨询几个专业的问题，更加验证了我之前的判断。这时候我才和他交流具体业务，否则很有可能我一开始就会让他觉得讨厌，选择直接离开。"

这样的经验分享，有细节、有过程，会给其他店员带来积极的影响。所以，店长应当鼓励店员进行这样的分享。在店员分享结束后，店长应当认同店员，肯定其业绩，激发其他员工的积极性，增强团队凝聚力，努力完成团队目标。

3. 不良情况的检讨与私下交流

对于没能完成业绩的店员，我们可以让其进行检讨，说明未能完成工作的原因。但我们需要控制好时间，只要店员能够说出存在的问题即可，不要做过多讨论，避免刺激到店员。尤其是当大部分店员都顺利完成工作，未完成目标的店员较少时，更应当注意这一点。

想要具体帮助未完成目标的店员，我们不妨在夕会结束后私下一对一地交流，既给店员留面子，也能够让他们实现提升。我曾接触过的一名店长，就是这样做的。

"小郑，今天的确你没有完成任务，我希望你可以进行反省。我们的会议会继续进行，散会后你留下来，我单独和你聊。"这天在夕会上，孙店长对一名未完成当天目标的店员说。

夕会结束后，孙店长与小郑单独交流，他没有做任何批评，而是开门见山道："小郑，刚才你总结原因时，说自己是因为面对客户时有些胆怯，那么从今天开始连续三天，我都会单独给你做这方面的培训。现在，你准备好了吗？"

小郑非常惊讶，他原以为迎接自己的是劈头盖脸的批评。他很感激孙店长，积极投入学习中。很快，他走出了一开始的困境，逐渐成为店内的销售主力。

任何一名销售员都会遇到成长路上的困惑，这时候我们如果能够帮助他，那么他一定会铭记于心。今天的我们身为店长，同样也遇到过如孙店长这样的贵人帮助我们。所以，夕会不是为了单纯的批评，而是为了让每个人找到自己的问题，帮助他们寻找答案。这样，店员就会愿意向我们学习。

除此之外，还有这些细节，在夕会时应当特别注意：

①开会前准备好大纲。如果已经知道当天店员的业绩，要做好应对策略。

②多利用白板书写或提供讲义材料，如遇重要事项或话术请重复叙述，也可以请销售人员复述或发表看法。

③会议中每个人需要有一个记录本，避免用一张纸做记录。对于夕会记录应定期进行检查，它也是对店员进行奖励的重要组成因素，以此促使每一名店员重视夕会。

04 周会如何开更高效

周会是门店最重要的会议。尤其对于快消领域的门店而言，以一周为一个周期，能够精准看到上一周门店取得的业绩和下一周有可能出现的趋势。一个月太长，一天又太短，有周目标才会有日行动。对于周会，店长必须重点对待，要求全员参加，并做好会议记录。

周会同样需要遵循科学的流程，每一个环节都能言之有物，这样才能激发店员的活力。具体来说，周会需要这样进行：

1. 固定时间

通常来说，周会应放在周一的早上。经历了周六、周日的忙碌，通常周一门店较为清闲，周会不会耽误过多正常工作。同时，为了保证效率，周会应当控制在两个小时以内，过长的会议会让店员产生疲倦感，知识转化率非常低。

2. 开会前必须要有上周的数据、本月的数据

数据最能反映问题。在周会开始前，店长必须做好相关数据统计，这包括：一周总收入，本月累计收入，周完成比例，总进店客数，总业绩（现金、充值），各品项业绩，充值卡业绩，会员卡业绩，总办卡张数，充值卡消卡业绩，客带客转介绍人数，上周超额，上周差额。

以上这些数据，都应制作成详细的表格，让每一名店员都可以清晰地看到数据的变化。有了这些数据，我们才能进行针对性的讨论。

表 15-1，为笔者服务过的某门店的基础数据表，表 15-2、表 15-3 为某门店分店一个月两个团队的业绩报表，表 15-4 与表 15-5 为笔者服务的 ××× 店年度

服务量统计数据，表 15-6 则为笔者在培训过程中经常使用的门店员工周工作日志。从这些数据表中，我们能很清晰地看到各种数据，这些表格读者可以拿去借鉴使用。

表 15-1 某门店基础数据表

本周文胸：	家居：	内裤：		乳房养护：	其他品类：						
内容	本周生意	上周生意	升/跌	去年同期	升/跌	星期	一	二	三	四	五	六	日
一周总销售（元）						本周						
进店人数（人）						上周						
成交人数（人）						升/跌						
平均客单价（元）												
会员卡销售数量（张）						原因货品/天气/外围/同行						
周完成率												
月完成率												

表 15-2 某门店分店一个月团队（超越）的业绩报表

（超越）小组		单位：元（人民币）
姓名	业绩	职务
肖 × 梅	40363	主任
吴 × 颖	193055	副店长
黄 × 颖	−1125	
刘 × 琴	1919	
刘 × 露	1227	
王 × 飞	10197	

表 15-3　某门店分店一个月团队（旗舰）的业绩报表

（旗舰）小组		单位：元（人民币）
姓名	业绩	职务
李 × 春	1770	主任
蒙 × 妹	15152	副店长
黎 × 媛	20002	
凌 × 飞	53366	
郭 × 娇	5266	
陈 × 美	15073	

表 15-4　×××店年度服务量统计数据（A 级店）

排名	分店	员工	次数	差距
1	兴泰店	麦 × 带	763	
2	兴泰店	林 × 瑜	707	56
3	文秀店	张 × 蓉	631	76
4	水南店	陈 × 云	620	11
5	水南店	赵 × 虹	553	67
6	水南店	林 × 仪	548	5
7	西隅店	谭 × 华	519	29
8	港口店	陈 × 珍	518	1
9	西隅店	杜 × 云	465	53
10	西隅店	卢 × 彩	455	10

表 15-5　×××店年度服务量统计数据（B 级店）

排名	分店	员工	次数	差距
1	西丽店	陈×莲	621	
2	丹桂店	陈×娜	533	88
3	西丽店	龙×红	400	133
4	西区店	卢×娥	391	9
5	西丽店	赖×婷	389	2
6	千禧店	黄×娇	346	43
7	育德店	叶×丽	336	10
8	江华店	刘×萍	328	8
9	民生店	吴×渐	327	1
10	育德店	胡×芬	327	0

表 15-6　门店员工周工作日志

本周自我总结				店长意见	营销批阅
项目	原定目标	实际达成	上月差额		
营业额（元）					
老客户业绩（元）					
新客户业绩（元）					
老客户接待人次(人)					
新客户接待人次(人)					
会员卡成交人数（次） ×××服务量 小结：					

3. 确认周会的目的

周会开始前，店长一定要确认周会的目的，保证内容有的放矢，避免天马行空、漫无目的地开会。以下这些内容，店长应当在纸上写下，保证周会的节奏不混乱。

①总结上周业绩目标达成情况。

②分析目标未达成原因。

③通过数据分析，总结销售中遇到的问题，制订下周培训计划。

④上周业绩达成的奖惩实施，表彰先进，鼓励后进。

⑤根据总部阶段性工作内容，调整店铺本周工作方向及政令宣导。

⑥公布本周业绩目标，制订本周工作计划。

⑦增强团结和协作，为提高工作效率服务。

4. 让员工自己分析数据

根据已经统计出来的数据，让每一名店员进行自身数据的分析。这个过程的流程是：自己分析—帮他（她）分析—同级别分析。店长要主动站出来进行分析，如："刚才小赵说得很对，可以看到周二是她一周销售最差的一天。除了她说的当天状态不好，其实还有一点特别关键：当天的客户非常刁钻，不容易应付。而小赵没有找到更有效的诀窍来交流，这是当天业绩不佳的原因。接下来，小赵应当在这方面提升自己，掌握更多的技巧。"

通过数据与分析，给店员带来指导，让店员意识到自身的不足在哪里，这样的周会才是有意义的。

5. 对店员进行奖励

店员做完自身分析后，店长应当对店员进行奖励，以此激发所有人的动力。以下这些奖项的设置都是非常有必要的：

①销售冠军。

②拓客冠军。

③服务冠军。

④销售进步最大奖。

⑤学习进步奖。

在颁奖的过程中，还有以下这几点需要注意：

①周奖励最好不发现金，而是应当以代金券代替。凭券到月底兑换现金，券丢了，能发 80% 的提成，这样会让店员珍惜这份荣誉，从物质激励转换为精神激励。

②要有仪式感，应当颁发荣誉证书、奖状，并进行合影留念。这同样是一种精神激励的方法。

③让弱者给强者颁奖。这样做是为了让弱者感受强者的那份荣耀，以此激发内心的好胜心。

④保证 1/3 的人能够拿到奖，让每个店员都意识到："奖项的设置很公平，只要努力就能获得，不存在徇私舞弊。所以，我要更加努力！"

6. 制订下周的培训计划

针对本周出现的问题，店长还应制订下周的培训计划，并当众公布。培训计划应当遵循以下这几个原则：

①不同人要学不同的课程。这就要求店长应当从服务、销售、开发、成交等多个方面开发培训课程，以此满足不同店员的不同需求。

②每周最少有两个人讲课做培训。

③白天做工作，晚上做培训。

7. 每人写下周工作计划：树立全员有目标的信仰

周会结束前，还应当引导每一名店员写下下周工作计划，树立全员有目标的信仰。下周计划，应当包含以下这些内容：

①下周总收入目标。

②下周总业绩目标。

③邀约回店客户。

④服务客数。

⑤会员开发数量。

此外，还应包括如果超额完成，希望得到怎样的奖励；如果没有完成，那么会接受怎样的惩罚。我们既可以要求店员以书面的形式签字，也可以通过拍视频的方式做记录，这是每一名店员成长最好的见证。

8. 言传不如身教，店长定目标点燃气氛

周会的最后，店长同样需要制订个人计划，并对店员公布，让店员看到店长同

样在努力，这是一名值得信任的领导。与此同时，店长还应点燃气氛，激励每一名店员不断挑战业绩。

以下这番话是很多店长都会使用的"热血宣言"，希望可以为店长提供借鉴，为整个门店注入强大的决心与自信：

从今天起，我要做一个带头定目标的人，一定以身作则，目标定了就要完成。

如果我的目标完成了，那是应该的，我还要带着全店一起完成目标。

我坚信没有完不成的目标，我的团队成员个个都有目标，每个人都能完成目标，超越目标！

05 月度会议如何开更激励人心

每个月，门店都要举办月度会议，回顾当月每个人的业绩，展望下一个月的发展。店长在举办月度会议时，想要达到激动人心的效果，应当注意以下这些方面。

1. 月度会议的内容

月度会议的内容，主要是由店长及各工作人员自检业绩完成状况并做本职工作总结。在进行总结时，店长要公布这些数据，尽可能精准到每一个项目：

①上月计划工作内容回顾，以数字或表格形式来分析。

②门市销售员的指标为门市接单量、合同签订量等。

③渠道销售员的指标为渠道开发量、渠道接单量等。

以上三方面内容，是月度会议的重中之重，店长必须提前做好数据准备，并打印出来交给每一名店员。同时，店长要求每一名店员在进行自我分析后，还要从主观方面和客观方面对自己的工作进行阐述，找出可以进步的空间。

马店长："首先，感谢每一位家人能够认真对待这次月度会，大家都说明了自己的工作和未来的规划。接下来，我也要说一下自己的工作。上个月，我完成的工作有 ×××，针对店员进行了 ×× 次培训，此外还有五个大客户团体的对接，基本完成了任务。不过问题也很明显：培训中我发现咱们很多人对于如何挽留客户还存在一定问题，这个是我的疏忽，我向大家道歉。我已经做好了新的培训方案，这个月会进行针对性的培训。"

马店长这样的自我总结与批评没有逃避责任，会让店员意识到店长对待工作的态度，愿意配合店长的管理，接受店长的批评与建议。店长是一店之长，只有自己先展现出敢于正视问题、敢于挑战困难的决心，才能点燃所有店员的激情，为店员做出榜样。只顾看别人的数据、批评别人的工作，却对自己只字不提。这样的店长无法服众，无法胜任店长这一工作。

2. 进行完整的报告

店长不同于普通店员，需要站在更高的角度上看待门店的发展，为门店确立合理的发展方向。所以，在月度会议上，除了总结个人业绩外，还要进行更完整的报告，包括月度门店管理报告、月度销售分析报告、竞争对手分析报告，让自己、店员看到门店横向／纵向的发展趋势，对门店接下来的运营更全面、更清晰。

（1）月度门店管理报告。

主要包括以下几个方面：

①卫生管理：门店卫生状况、个人卫生状况、公众卫生状况等。

②考勤管理：工作人员出勤情况、工作状态、工作态度等。

③店员管理：人员的仪表、语言、行为举止、销售技巧、业务频率、工作效率等。

（2）月度销售情况报告。

制作完整的表格，包括门店同期对比表格、小组整体表格、个人表格等。

（3）竞争对手分析报告。

分析对手的进店率、销量、爆款产品、活动举办等情况。

尤其对于竞争对手的分析，这是重中之重，它不仅体现出一家门店与竞争品牌之间的数据差异，更能够体现出店长的专业性和战略布局，更容易让店员意识到："这是一名脚踏实地的领导，跟着这样的领导工作，自己也会飞快成长！"所以，店长在日常工作中，除了关注自己门店的经营状况，还应主动了解竞争对手的状况，通过数据对比找到自己门店的不足，并进行有针对性的调整。

3. 给予店员自由发言的时间

除了店长自己进行发言，还要给店员留下自由发言的时间，让店员也可以开动脑筋，为个人发展、门店发展提供更合理的建议。通常来说，我们不妨用这种技巧引导店员进行发言：

店长："其实咱们店里还是有不少问题，比如上货，总是出现统计偏差。这一点其实主要责任在我，我没有做好制度上的规划，导致大家出现问题。这一点也困扰了我很多，不知道大家是否有更合理的建议？尤其对于 ××× 和 ××× 来说，这项工作已经进行了三个月，我相信你们肯定比我更有经验。你们来聊聊，咱们该如何改进这项工作？"

欲扬先抑，先指出门店存在的问题，再对店员做出鼓励性的暗示，这样就能大大调动店员的积极性，使店员愿意配合店长进行话题讨论。每个月每个人都能提出自己的合理建议，那么门店整体的发展就会非常迅速。在这个过程中，店长还应将有效的管理举措记录在案，并格外注意那些意见成熟的店员。因为他们有可能就是下一个自己，这是门店需要着力培养的储备人才。

06 业绩分析会如何开更能说服员工

除了日常会议之外，店长还应举办特别会议——业绩分析会。顾名思义，业绩分析会就是以业绩为主，分析每个人存在的问题，找到每个人的潜力所在，帮助店员不断进步。业绩分析会某种程度上也是一门培训课程，通过业绩说话，让店员心服口服，找到自身不足的地方，那么每个人都会快速进步。

业绩分析会与周会、月会最明显不同的一点就是：业绩分析会重点在于业绩之上，其他内容尽可能减少，以数据为主导、以业绩为主导。所以，在召开业绩分析会时，我们要掌握好以下这几个方向：

1. 平均单价分析

所谓平均单价，是销售金额与销售数量的比值，它能直观地显示出店员的销售技巧及顾客的消费能力。平均单价计算公式为：

平均单价 = 销售金额 / 销售数量

店长要让店员看到，在某一段时间内，自己销售的同类产品平均单价是多少。平均单价越高，说明店员的销售技巧越好；平均单价越低，则反之。当然，对于多数连锁门店而言，单价多数由总部统一制定，所以我们还要引入购买率。购买率高，意味着业务能力强；反之，则说明存在进步的空间。

有了数据，店长不妨这样与员工交流：

店长："这是你的业绩报告，可以看到你的平均单价最低，这说明一个问题，你总是会被客户牵着鼻子走，容易被客户说服，导致最终的利润较低，说明销售技巧上还有不足。接下来，我们针对这一点进行专项培训，你看怎么样？"

有明确的业绩数据，这时候店员往往会信服我们的结论，愿意接受我们的培训建议。

2. 客单价分析

所谓客单价，即每一名客户的平均销售额度，这是考量一名店员的关键指标，也是门店整体销售业绩最重要的影响因素之一。客单价的计算公式为：

$$客单价 = 销售金额 / 客单数$$

在这个公式中，客单数是实际发生交易的交易数量。客单价越高，表明店员的销售能力越强，越能有效引导客户进行大额购买；客单价越低，则相反。有了这一数据，我们可以这样与店员交流：

店长："这段时间你的数据显示你非常认真，客单数很高。不过有个小问题，就是销售金额有限，说明你在引导客户购买时，往往只让客户关注到了性价比，最终购买低价产品。接下来，你应该学会另一种销售技巧：如何引导顾客购买高附加值的产品，这样你会成为更优秀的导购！所以，我们开始晋级课程吧。"

在对店员进行赞美的同时，提出需要改进的内容，这样员工更容易接受我们的建议，投入新的学习之中。

3. 连带率分析

连带率反映的是员工的连带销售能力和店铺整体货品的组合水平。连带率既可以反映一名店员的业务能力，也可以反映店内货品搭配组合是否合理。连带率的计算公式为：

连带率 = 销售数量 / 客单数

连带率越高，说明店铺整体货品组合越合理，店员的连带销售技巧越好。通常来说，如果连带率位于 1.7 ~ 1.8 之间，说明店员能力与店铺货品组合处于优的状态；如果低于 1.3，意味着存在不足。这时候，我们可以这样与店员交流：

店长："这期的连带率显示，我们似乎在组合销售上存在一些问题。是什么原因造成的？我想听听你的意见，是咱们的组合搭配不够好，还是你在销售时忽略了推荐产品？咱们找出问题，解决问题。"

以上这三个指标，是业绩分析会的重点，它们关系着店员的业务能力、门店的盈利能力，所以必须格外重视。通常来说，店长召开业绩分析会，可以以月为单位，提前向店员公布分析会的时间，让大家做好准备。用数据说话，给店员带来最直接的帮助，那么每一名店员都会快速进步。一名业务能力过硬的店长，将会在门店内不断实现自我复制！

第 5 篇

店长要做好，工具少不了：
那些让业绩倍增的实用工具

第16章　店长管理类工具包

01 店长作业流程时段表

门店		责任人： 时 间：　年　月　日		
时段	工作项目	工作重点		完成打 "√"
AM 7：45-8：00	开门营业准备	（1）出勤、人力配置、服装仪容及精神状况		
		（2）临时工作安排		
AM 8：00-9：00	1.开店状况检查	（1）入口、地面清洁、背景音乐、灯光照明、购物篮等准备状况		
		（2）收银人员、零钱、备用品以及服务台状况		
		（3）卖场商品陈列、补货、促销以及清洁状况		
	2.昨日营业状况确认	（1）门店数据的上传、下载		
		（2）昨日营业额、来客数、客单价、毛利率等		
		（3）与店长助理交换门店情况		

（续）

时段	工作项目	工作重点	完成打"√"
AM 8：00-9：00	3. 营业问题点追踪	（1）昨日未完成目标的原因分析及补救措施	
		（2）指导问题员工进行工作改进	
AM 9：00-10：30	1. 工作计划重点确定	（1）销售计划	
		（2）进货商品计划	
		（3）培训计划	
		（4）会员发展计划	
		（5）其他（竞争店调查等）	
	2. 巡店	（1）检查并指导补货上架情况	
		（2）商品陈列布置、堆码要求	
		（3）标价签、爆炸签、POP 情况	
		（4）促销活动到位情况	
		（5）清洁卫生检查	
		（6）销售服务检查	
AM 10：30-12：00	卖场商品态势追踪	（1）时段营业额确认	
		（2）重点，核心，效期，滞销商品情况及促销活动展开情况	
		（3）与公司各部门协调事务的确认、追踪	
		（4）店员请办事项	
PM 12：00-1：00	午餐	交待店长助理负责卖场管理工作	

（续）

时段	工作项目	工作重点	完成打"√"
PM 1：30-3：30	1. 竞争店调查	同时段与本店营业状况比较（来客数、促销状况、特价商品等）	
	2. 交班会议	（1）交班会议	
		（2）店内培训	
	3. 部门沟通	（1）公司制度、政策以及与各部门协调的事项	
		（2）如何完成今日营业目标	
	4. 员工带教	（1）新进人员在职培训	
		（2）定期在职提高培训	
	5. 促销活动准备	促销计划及准备	
PM 3：30-4：30	1. 文书作业及各种计划报告撰写准备	（1）人员变动、请假、培训、顾客意见等	
		（2）月计划及竞争店对策等	
		（3）门店管理日常表格的填写及各种门店记录的检查	
	2. 全场态势巡视、检查及指示	（1）卖场及商品、清洁、促销等环境及改善指示	
		（2）时段营业额确认及各营业员日销售情况	
PM 4：30后	指示店长助理接班	交代晚间营业注意事项及关店事宜	
PM 5：00后	准备下班	把没有当日完成的工作交给店内相关人员继续完成	
每日未完成工作及临时安排工作情况说明	责任人签字：　　　　　时间：		

02 店长工作日志

今日会议内容	1. 晨会 2. 周会 3. 例会 4. 培训会 5. 顾客档案管理分析会			
今日目标	办卡（　　）元	卖产品（　）元	服务项目（　　）元	其他（　　）元
今日业绩	办卡（　　）元	卖产品（　）元	服务项目（　　）元	其他（　　）元
今日岗位情况	1. 前台存在问题： 2. 员工存在问题： 3. 卫生存在问题： 4. 顾客接待存在问题： 5. 其他问题：			
今日考核	员工	奖惩	原因	
今日投诉	投诉者	原因	解决方案	

03 店长工作周报告

一、总述

1.销售：本月销售指标为 ____，本旬销售指标为 ____；本周实际完成为 ____，本月累计完成 ____；本周完成率为 ____，本月完成进度为 ____。

2.本周发展会员 _____ 名。

二、分析

1.本周主推产品的销售情况：

主推产品品种						
本周销售数量						

2.本周畅销产品的销售情况：

畅销产品品种					
本周销售数量					

3.本周销售量化分析：

项目	1	2	3	4	5	平均
客流量						
成交率						
客单价						
会员数						

4.本周周例会会议记录摘要：

5.本周与上周的完成情况对比：

三、下周工作计划（包括指标）：

1. 零售目标：

2. 主推产品：

3. 会员发展目标：

4. 重点工作安排：

04 店长工作月报告

	上月完成业绩		对比上月差异和原因		
本月经营情况	本月目标		本月销售分析	（数量／金额）	
	实际完成业绩			（数量／金额）	
	目标达成率			合计（数量／金额）	
				货品的金额比例	
新货销售跟踪	货号 颜色	上市时间	总到货数	本月销售数	销售率（总销售数量／现在剩余的库存）

（续）

畅销货品跟踪					
本月促销活动内容和总结					
货品质量问题					
市场动态报告					
优秀店员推荐					
在职员工分析					
员工心态分析					
下月工作重心					
本月工作总结					
下月工作计划					
对公司的要求					
对公司的建议					

05 下周（月）店长工作计划表

工作内容	周一	周二	周三	周四	周五	周六	周日	合计
检查业务人员报表								
制订检查工作计划								
专业知识培训								
案源分享								
案例分析								
与业务人员谈心								
店长日记								
读书会								
例会								
未成交客户统计表								
意向（个）								
签约（个）								
业绩（万元）								
其他								

06 每周店员工作分析表

营业员	上班天数	销售目标	完成占比	数量	金额	成交单数	客单量	客单价	平均单价	平均折扣	VIP销售	VIP销售占比	个人原因分析
合计													

07 下周店员工作计划表

项目 / 时间	工作内容	完成情况及原因	改正措施	结果
周一				
周二				
周三				
周四				
周五				

08 门店月度销售分析

项目	门店零售	会员发展	团购业务	进店人数	成交率	客单价
本月指标						
本月完成						
本月完成率						
上月完成						
与上月对比率						
去年同期完成						
与同期对比率						
本月累计完成						
年度指标						
年度进度						
年度目标差额						
下月指标						

09 本店管理问题总结与分析表

序号	发现问题	落实安排	执行人	完成时间	未完成原因

10 各岗位职能及工作职责表

门店店长岗位职责

岗位名称：门店店长

直接上级：运营部主任

岗位职责：

1. 按店长负责制的管理体制的规定，直接对运营部主任负责。在门店各部门各级之间实行层级责任制，明确门店各岗位责权。

2. 各级管理人员的职权范围界定。完善门店运行机制，调动各级员工的工作积极性。

3. 加强员工职业道德和业务培训，协调各级关系，关心员工的思想和生活。

4. 实时提出阶段性工作重点，并指挥实施。

5. 协助配送部门送货、订货监督。

6. 对每天值班经理的工作检查和值班记录进行查阅。

7. 对门店人员日常上班纪律和出勤情况进行检查。

8. 监督门店的商品进货验收、仓库管理、商品陈列、商品质量管理等有关作业情况。

9. 掌握门店销售动态，向产品部建议新商品的引进和滞销商品淘汰的行动计划。

10. 监督与改善门店商品损耗管理工作。

11. 监督和审核门店的收银、防损、系统等管理工作。

12. 负责处理恶劣事件的顾客投诉工作。

13. 负责执行运营部下达的各项工作。

14. 负责对营销部下达的营销计划与营销活动的执行，并与运营部沟通。

15. 负责加强防火、防盗、防工伤、安全保卫等工作。

16. 负责制订门店销售、损耗及库存周转计划，并指导落实。

17. 负责店内其他日常事务的处理。

值班经理岗位职责

直属部门：运营部

直属上级：店长

适用范围：全店

一、组织关系

1. 直接向店长负责，协助店长的日常经营管理工作。

2. 行使店长的工作职责。

二、人员管理

1. 负责监督所有店员的考勤工作及在岗情况。

2. 检查店员仪容仪表和精神面貌。

3. 监督员工及兼职人员的工作纪律。

4. 监督门店的顾客服务与销售工作情况。

5. 协助处理好顾客投诉。

6. 协调安排门店的人力状况。

7. 传达公司的各项规章制度和指示精神，做好上传下达的工作。

三、商品的管理

1. 监督检查商品品质。

2. 监督检查货架商品是否整齐、饱满、美观、大方、清洁。

3. 监督检查是否有商品缺货现象，缺货是否已及时与仓储部或产品部对接。

4. 监督门店是否按时补货，特别是在销售高峰期。

5. 检查门店库存区、仓库商品码放是否整齐、安全。

6. 监督检查门店商品质量是否正常，是否有过期、发霉变质、破包、破损、伪劣等质量问题。

7. 负责门店退／换货商品的及时处理。

8. 监督收货正常运作，到货商品及时处理。

四、服务的管理

1. 监督开门前门店工作准备是否就绪，确保准时开门营业。

2. 门店按要求做好系统登录等工作。

3. 检查员工仪容仪表并协助处理顾客投诉。

4. 协助处理顾客的回访工作。

5. 按时按质做好配送工作。

五、卫生管理

1. 检查并保持办公区整齐、卫生。

2. 检查并保持门店的地面、货架、商品、设备整齐、干净、畅通。

3. 检查并保持加工区、仓储区、办公区等整齐、清洁。

六、设备管理

1. 监督电动车、微波炉等是否合理使用，定期维护。

2. 检查系统动作并经常维护。

3. 协助店长管理门店固定资产。

4. 检查电力设备。

5. 检查食品冷柜、冷库存。

店员岗位职责

岗位名称：门店店员

直接上级：值班经理

岗位职责：

1. 保持货架上摆放的商品充足和整齐，如果发现商品不足应及时告知店长或值班经理及时补货。

2. 店面到货须配合配货员认真清点验收，及时上架。

3. 店员必须坚守工作岗位，不得无故串岗、离岗，有事离岗须向店长或值班店长请假并委托其他员工代班。

4. 做好商品整理、保管、补充和盘点工作，做好交班盘点。

5. 配合做好顾客信息采集工作。

6. 微笑服务，积极响应，按时按质配送，要用规范的语言同顾客交谈，避免同顾客产生冲突。

7. 配合公司进行各种营销活动。

8. 发现门店有设备损坏时要及时向店长或值班店长汇报。

9. 听从店长的安排，做好店长临时交办的工作。

11 店铺日常工作流程表

时间	工作任务	完成情况
	晨会、整队、检查员工仪容仪表、点名	
	传达会议精神，宣布公司经营决策，总结上一个班的工作及改进方案，布置当日工作及完成要求	
	监督员工打扫卫生，清理库房、货架	
	检查库房、货架、设备	
	查看各岗位工作记录本，有无上级领导安排工作，一一按要求落实完成	
	开例会，认真做好会议记录	
	监督员工按要求接待来店的每位客人，并宣传公司的优惠政策 组织员工对客人进行卡类、项目、产品的积极销售，并对顾客做回访统计工作 认真严谨处理好客人的投诉及建议，灵活处理突发事件	
	晚会、整队、检查员工仪容仪表，点名（全体员工参加）激励员工销售	
	查阅下属部门的交接班记录，并作批示，查看员工登记、提成登记是否完善	
	传达会议精神，宣传公司经营决策，总结上一个班的工作及改进方案，布置当日工作及完成要求	
	了解当日到店会员的有关情况，随时关注会员消费动态并亲自接待	
	营业结束，关闭店内设施设备、电源，关闭门窗，并对店内巡视一遍	
	梳理本日当班工作，将工作中发现的问题及处理意见写在笔记本上，以备明日开会时用	

第17章　门店运营类工具包

01 （日）周销量量化分析表

款号	色号	分型号数量						小计	单价	金额
合计										
备注										

02 收银日报表

营业收入									
金额（元）	100	50	20	10	5	1	0.5	0.1	小计
早班零找金									
早班现金收入									
晚班零找金									
晚班现金收入									
零用金支出明细									

时间	金额	当班收银员	签收人	备注	时间	金额	当班收银员	签收人	备注

早班	1.发票号码自□□□至□□□□ 作废号码：□□□□，共 _____ 张 2.收银机金额总计□□□元，（减）预收金额□□□元，（减）支出□□元，（减）收银差额□□□元，早班应存入□□元
交班人：□□□□□，接班人：□□□□，主管签核：□□□□□	
晚班	1.发票号码自□□□至□□□□ 作废号码：□□□□，共 _____ 张 2.收银机金额总计□□□元，（减）预收金额□□□元，（减）支出□□元，（减）收银差额□□□元，本日应存入□□元
本日营业总计	1.发票号码自□□□至□□□□ 作废号码：□□□□，共 _____ 张 2.收银机金额总计□□□元，（减）预收金额□□□元，（减）支出□□元，（减）收银差额□□□元，本日应存入□□元

03 顾客投诉调查范本

客户姓名		发生日期	
投诉内容		产生原因	
是否已取得店员帮助：		自投诉发生至今，与客户接触情况：	
你认为这件事该如何解决：		在处理当中可能会遇到的困难：	
店铺有没有办法达到客户期望：		处理之前的具体行动：	
上司的建议：		处理办法：	

04 活动促销效果评估表

店别			本年度计划促销次数			
促销名称		编号		主办人		促销时间	
促销产品							
		上期销量		预估销量		增长率	
		原进价		现进价		折让比	
		原售价		现售价		折让比	
促销目的							
促销对象							
促销方式							
预计费用							
效果达成							
品牌人建议							
店经理				主管			

05 店铺环境检查表

日期项目	清洁状况											
	/ ( )			/ ( )			/ ( )			/ ( )		
A. 环境整洁	佳	可	差	佳	可	差	佳	可	差	佳	可	差
1. 地板												
2. 天花板												
3. 壁面、玻璃												
4. 走廊												
5. 垃圾桶												
6. 桌椅												
7. POP、挂饰												
8. 杂物清理												
9. 洗手间												
10. 货架												

备注：1.请以打钩的方式，标明环境清洁的状况。
2.本表由店长填写，门市保存三个月。

06 店铺店务检查督察表

店　名		地　区				
部　门		顾　客			店　长	
项目内容	督查评价			存在问题		
店容店貌						
1.						
2.						
3.						
销售服务						
1.						
2.						
3.						
管理状况						
1.						
2.						
3.						
综合意见						

07 店铺调货（退货、次品）明细表

款号	色号	单价/元	型号				数量\件	备　注
			S	M	L	XL		
合计								

08 门店会议准备表

项次	内容说明				备注
目的					
对象					
日期					
时间					
主题					
讲师					
纲要					
总经理	经理	协办主管	主管		制表人

09 门店运营反馈考核表

		门店营运反馈表					
店号：		店名：			反馈人：		
项目	检查内容	检查标准	优（10）	良（8）	中（6）	差（4）	备注（原因）
门店形象	环境卫生	店外五米之内地面整洁，无乱堆乱放现象（包括垃圾铲、扫把、拖把、纸箱等）；垃圾桶、桌椅、台凳摆放整齐无污渍					
	海报、宣传画	店外宣传广告按照公司要求张贴，出现褪色、卷角的要及时更换					
	玻璃墙壁	玻璃要保持干净明亮；无胶带、灰尘、明显污渍、乱张贴的现象					
	音乐	播放音乐且音量适中，不宜过大，播放健康音乐					
	环境卫生	店内地面清洁，通道顺畅，墙壁、天花板和灯管干净，无蜘蛛网、污渍					
	货架	货架层板、立柱、网兜、背网无灰尘					
	设备	立柜、冰箱等设备外无污渍、无存放私人物品，不得张贴除规定外的海报					
	收银台	收银机台不得乱张贴海报，所有零部件必须保持完好					
		办公用品、工作用具如封箱纸、打价机、标价签等不得随意放置					
		员工的包、衣服不得放在库房，必须放在规定的储物柜里面					

（续）

项目	检查内容	检查标准	优（10）	良（8）	中（6）	差（4）	备注（原因）
门店形象	收银台	收银台干净整洁无存放私人物品，收银台内禁止摆放座椅					
		所有熟食机、饮料机干净，清洁，无异味，无水渍油渍，抹布等不常用工具等禁止陈列在外					
员工形象	着装	当班员工按公司要求着装（无穿拖鞋、短裤以及佩戴夸张饰物等现象）					
	仪容仪表	发型、指甲、个人卫生情况符合公司规定，化淡妆，着装整齐，保持清洁的状态					
	行为举止	不得随地吐痰、乱丢杂物、挖耳、抠鼻、修剪指甲、照镜子等					
		当班员工无坐着上班、抽烟、吃东西、看书报、看电视、玩手机、斜靠货架或收银台现象					
服务	三声服务	标准的迎客声、询问声、送客声；					
	接听电话	聆听、解说、询问、推销等标准的电话接听、送货服务方式					
	收银员	唱收唱付，标准的收银服务用语及流程					
商品	陈列	整齐美观，无空位，商品及货架干净无灰尘，按照公司陈列规范陈列					
	堆头	堆头整体高度控制在 1.2 米以下，陈列在一起的商品不得超过四种，有明确的价格提示					
	品质	货架无陈列过期、变质、包装残旧商品					

（续）

项目	检查内容	检查标准	优 （10）	良 （8）	中 （6）	差 （4）	备注 （原因）
	标签	标价签与商品一一对应，手写标签、错误标签、无标签商品不超过店内商品的3%					
每天表格检查	交班留言本	检查门店是否按照公司要求将每一天的重点工作进行交接					
	排班表	当班人员是否按照排班表上面的安排上班					
	考勤表	门店考勤表是否按照公司规定，在监控器下认真准时填写					
	班组PK表	是否按照公司的要求登记每一班的促销商品销量及PK情况					
	外卖登记表	对于每次的外卖，是否全面准确地登记送货金额					
整体反馈							
门店问题反馈	问题1						
	问题2						
	问题3						
门店合理化建议	建议1						
	建议2						
	建议3						

10 门店客流量记录分析表

时　间	进店总人数	购货人数	购买数额	小票张次	
8:00-10:00					
10:00-12:00					
12:00-14:00					
14:00-16:00					
16:00-18:00					
18:00-21:00					

11 门店运营管理确认表

填写方法：1. 不能接受 2. 勉强合格 3. 中级 4. 良好 5. 优秀					
请自我确认：	1	2	3	4	5
① 在营业过程中，应用的营业用具是否放置得井然有序？	□	□	□	□	□
② 是否可以立即找到顾客所需商品存放的位置？	□	□	□	□	□
③ 有无因无心之过而重复做相同目的的工作？	□	□	□	□	□
④ 次日的工作计划是否已拟好？	□	□	□	□	□
⑤ 次日重要工作及准备工作是否已准备好？	□	□	□	□	□
⑥ 答应为顾客办理的事项是否已完成或想到更好的办法？	□	□	□	□	□
⑦ 今天工作的优先顺序是否已明确？	□	□	□	□	□
⑧ 必须处理的店务事项是否做好时间计划安排？	□	□	□	□	□
⑨ 处理店铺客户投诉是否已做好前期准备工作？	□	□	□	□	□
⑩ 在电话中允诺客户的事情是否记录下来？	□	□	□	□	□
⑪ 相关的业务能否同时并行处理？	□	□	□	□	□
⑫ 与顾客进行沟通时是否能把握重点？	□	□	□	□	□
⑬ 允诺顾客要做的事是否确实能做？	□	□	□	□	□
⑭ 突发事件发生时是否考虑到应对措施？	□	□	□	□	□
⑮ 是否有创新方法提升店铺管理、提高效率？	□	□	□	□	□

12 市场情报分析表

情报项目	情报的确认时机	情报内容	收集日期
竞争对手商品上市信息	每季之开始		
同行举办促销活动信息	随时		
店铺是否有新的营业活动	随时		
商品陈列变化	随时		
◇配合门店情况，填入其他营业活动的必要情报◇			

第 18 章　团队建设类工具包

01 店铺员工职业生涯规划表

人事资料卡编号	入店编号	姓名	建卡日期	更新日期	更新卡期	建卡日期	更新卡号

02 新员工对传帮带责任人的工作表现评估表

需要磨炼的营业基本能力	具体写出自己负责的营业活动需具备哪些能力	自己目前的营业活动现状	目前的水准	传帮带负责人的帮助
对目标所持之想法				
顾客认为营业员应该具备哪些商品知识				
对营业活动有帮助之资料的收集与活用				
策划达成目标之作战计划的能力				
拟定掌握沟通时机的行动计划				
吸引顾客感兴趣的筹划能力				
其他				

03 新员工培训计划表

店　　名		所在地区	
店面主管		受训人员	
培训内容			
培训资料			
培训时间		主讲人	
培训地点			
其他事项			

04 店铺人员转正 / 晋升评估表

姓 名		职 位	
试用期间：自 至		延长试用期：自 至	试用期结束日期：

事实经过：

主管		日期		部门经理	
本人已经收到这份通知		被通知人签名		日期	

05 店铺人员资料记录表

姓名：		性别：	籍贯：	出生年月：	身份证号码：	照 片
		婚否：	学历：	学位：		
体检情况		身高：	体重：	血压：		
		四肢：	视力：左　右		听力：左　右	

学习经历	时间	学校	专业	学历	备注

工作经历	时间	工作单位	职务	离职原因	证明人

保险		亲　属			
投保日期		姓名：	称谓：	联系电话：	
		地址：			
卡片号码		姓名：	称谓：	联系电话：	
		地址：			

06 店铺培训计划表

部门	班次	人数	时间	费用（元）	备注

培训部工作职责	主管职责
签名： 日期：	签名： 日期：

07 店铺人事通报表

店别	姓名	新任职务	生效日期	原任职务	备注

08 店铺员工考核表

姓名		工号		部门		职位	
考核内容	评分标准	自查		主管		部门或上级部门	
		评分	评分原因	评分	评分原因	评分	评分原因
奖励	业绩显著，突出贡献加5~20分						
正常	表现达到工作要求，无失误，不扣分也不加分						
一级：轻微违规	每次扣5分，一个月内达3次扣20分						
二级：较严重违规	每次扣20分，2次扣50分						
三级：重大违规	扣60~100分，并停职检查						
总分	正常满分100分，加上奖励分，即是总评分						
其他							

09 店铺营业员自我鉴定表

姓名		店别		职务		入职时间	
1.考核期间工作总结、自我评价。 2.您对店铺现有问题有什么建议及个人今后有何设想?（注: 如有本页不够写,可另写附页于后。 ）							

10 店铺员工考核鉴定表

姓名:	职位:
工号:	入职时间
上次鉴定日期:	此次鉴定日期:
鉴定缘由（选定以下一项或多项）: □试用期满考核　　□晋升　　□其他:	

11 店铺员工奖惩登记表

职工编号	姓名	奖惩事项及文号	统　计					
			警告	记过	大过	嘉奖	记功	大功

12 店铺员工纪律处分通知单

姓名		工作证号		职位		所属部门	

所犯过失：

□擅自旷工

□屡次迟到

□工作时打瞌睡

□故意不服从上级或拒绝接受正当命令   发生日期：

□故意不以适当方法工作

□屡次逃避工作

□工作时在店铺内赌博

□行为不检点

处分：

□谴责　□停职　由 _____ 年 _____ 月 _____ 日至 _____ 年 _____ 月 _____ 日

注意：如果再犯，将撤职处分

撤职日期：_____ 年 _____ 月 _____ 日

请于撤职生效日期前往人力资源部报到

备注：

13 店铺销售人员薪金管理制度

第1条 本店铺根据销售员的营业能力、工作实绩、出勤状况、工作态度等要素，将销售人员划分为一级、二级、三级三个等级。等级划分首先由市场部主管考核，再呈报店铺总经理确定。各级别的标准如下：

（1）一级，是能够协助上级工作，对其他员工能起到指导、监督作用的，具备优秀品格的模范员工。一级销售人员要有两年以上从事销售工作的经历，并且在近半年的销售工作中取得优异的成绩。

（2）二级，是有半年以上销售工作经历，工作努力，经验丰富，勇于承担责任的业务骨干。曾由于不当行为严重损害店铺利益者，不能定为二级。

（3）三级，经过短期培训的其他员工。

第2条 员工薪金为月薪制，由基本工资和津贴构成。

第3条 基本工资实行职务等级工资制，各职级的内级差相同。

第4条 工资等级的确定和升降，根据考核的结果，在每年2月、5月、8月、11月进行。

第5条 销售津贴以组为发放对象。

第6条 薪金的支付时间和方法如下：

（1）薪金的计算截至每月30日，次月5日是发放日。发放日为节假日时，改为前一日或次日发放。

（2）在月中进入店铺者和中途退职、复职的员工，按实际工作日对月标准工作日所占比例计算。每月计算基准日定为30日。

（3）工作实绩不佳或出勤状态差的职员，最多发给基本工资的90%。

第7条 有关销售分析的计算和集体人员的报酬，另作规定。

审核：_____

制表：_____

14 店铺管理人员薪金管理制度

第1条 为加强本店铺管理人员薪金支付的科学化和规范化管理,特制定本制度。

第2条 本制度所指管理人员为下述人员(不含总经理、董事):

(1)本店铺职务系列中部门副经理以上者(不含代经理)。

(2)分店铺副经理以上的分支机构管理人员。

上述所有管理人员,必须拥有本店铺 ×× 股以上股票。

第3条 管理人员薪金体系如下:

(1)固定工资。

(2)业绩工资。

(3)奖金。

管理人员没有任何津贴待遇。

第4条 固定工资按职位确定,其额度范围如下:

(1)部门经理。

(2)部门副经理。

(3)分店铺经理。

(4)分店铺副经理。

固定工资决定权在店铺总经理。固定报酬的升降及解聘时间根据本人能力、经验、工作实绩、学历、年龄等因素综合考虑决定。

(5)固定工资实行完全月薪制。除停职外全额发放。停职指由于疾病或其他原因连续五个月不能上班的情况,停职的报酬另行规定。

第5条 每月工资按照店铺《独立核算制实施规定》所确定的内容进行核算。

第6条 凡达到事前规定的盈利目标的,按固定工资标准发给业绩工资。

第7条 当月实际盈利与预定盈利目标不一致时,业绩工资随之浮动。

以预定盈利目标为 100%,根据增加或减少的百分点确定业绩工资。具体办法另定。

第8条 发放给管理人员的奖金,根据半年期决算结果确定。奖金额根据店铺总的经营情况和各自努力程度由总经理确定。

第9条 工资提升指根据管理人员各自情况,提升固定工资部分。提升时间与一般员工相同,提升幅度要参照物价、生活费上涨等因素。提升由总经理决定。

审核:_____

制表:_____

15 店铺员工辞退通知单、交接单

店别		部门		职务	
姓名		身份证号			
生效日期	自　　年　月　　日起，正式生效				
事由	规模缩减，裁员 严重违反公司的规章制度 对本职工作无法适应 身体不适申请离职 公司因不可抗力因素而停业 其他原因				
主管核准					
财务核准					
经理核准					
备注					

（续）

店别		姓名		职务	
日期	自　年　月　日起，正式生效				
1	应办事项		经办部门	负责人	扣款金额
2	交回工作牌		店铺		
3	交回《员工手册》		店铺		
4	交回制服		店铺		
5	交回营业用具等		店铺		
6	交回员工储物柜钥匙		店铺		
7	填写离职人意见表		人事部		
8	有无欠款等		财务部		
9	核算工资		财务部		
10	填写人员变动记录表，取消考勤卡、员工花名册等		人事部		
备注